soninha francine
dizendo a que veio

uma vida contra o
preconceito

TORDSILHAS

A "alma", diferente da definição popular, seria parte do corpo, sua parte transgressora. A parcela de nós capaz de romper com os padrões e com a moral. A alma seria nada mais do que o compromisso consciente com a necessidade de evolução.

Nilton Bonder em *A alma imoral.*

11 o feio, o sujo e o bom

45 voto de refúgio

59 furo no dique

73 toda alegria passa

95 esse tipo de amigo

111 contrarregras: cinema, esquerda, volver

127 quase tudo

139 mensagem na garrafa

165 a primeira nobre verdade

172 crédito das imagens

175 agradecimentos

o feio, o sujo e o bom

Sempre fiquei à vontade entre os "sujos e feios". Acho que consigo enxergar antes a riqueza das pessoas que vivem na rua; o coração, a inteligência. A graça! Me afeiçoo, me encanto. Fiz amigos queridos na Praça da Sé, com quem eu gostava de conversar sobre a vida. A minha também, não só a deles.

Se passo por uma turma arrumada e perfumada a caminho da balada, ou pela fila de gente bacana na porta de uma casa noturna, não me vem o desejo de puxar conversa. Mas se vejo dois ou três maloqueiros conversando num ponto de ônibus, tenho vontade de parar e ouvir o que falam. Gosto da prosa de matuto, de caipira, desses caiçaras urbanos. Assim como os que vivem no meio do mato conhecem as cobras e passarinhos, quem vive na calçada tem uma visão peculiar e única da cidade.

Há décadas eu andava pra cima e pra baixo com morador de rua, de um jeito ou de outro, mas nunca tinha me apaixonado por um deles... E não é "um deles", é uma pessoa, caramba. Eu me apaixonei por um determinado homem, com nome, sobrenome, história, personalidade. Era o que eu vivia dizendo para quem achava que eu estava misturando a vontade de "consertar o mundo" com outros sentimentos.

Já levei muita gente pra minha casa – crianças ensopadas de chuva, adultos com frio, famílias desalojadas, um ex-interno da Febem ameaçado de morte em Heliópolis. Sempre quis ajudar, cuidar, mas não queria dormir de conchinha.

Quando nos aproximamos do pessoal que morava na Praça Marechal Deodoro naquela tarde em março, todos nos receberam com simpatia menos "ele", que foi bem antipático, o mais refratário de todos... Apesar da distância que impôs, ou talvez por isso mesmo, por sua aparente aversão a qualquer contato, me interessou rs. Eu gosto dos "difíceis"; de fazer bebês exaustos pararem de chorar, de amansar os loucos, acalmar os bichos. Maloqueiro hostil pra mim era um desafio como tantos. Vou descongelar esse homem, foi o que pensei, ele não me engana.

Era o mais sujo da roda, rosto inchado, roupas imundas, dentes poucos e ruins, que explicavam o apelido de "vovô". Era o "mendigo", que chamávamos (carinhosamente!) de "dingo". Foi depois que eu aprendi que eles se chamam de maloqueiros e, seu canto, de maloca. Não nos deu a menor confiança; respondeu o nome com pouca vontade: Dig Dig.

Toda quarta-feira eu e mais duas amigas do templo budista, Luciana e Maria Paula, nos encontrávamos para fazer o rolê do nosso projeto "Conexão Bodisatva", traçando um roteiro que podia incluir a Praça da Sé, o Viaduto do Minhocão, a Favela do Moinho, às vezes a Cracolândia.

Saíamos para encontrar com grupos de moradores de rua. Queríamos ouvir, conversar, fazer companhia. Como um amigo faz. Sem o compromisso de tirar as pessoas das calçadas, investigar suas vidas, fazer campanha contra as drogas... não. Nosso propósito era estabelecer conexões, como se diz no budismo ("possa eu ser capaz de beneficiar todos aqueles ligados a mim"); criar vínculos de afeto e amizade.

No budismo, Bodisatva é aquele que faz voto de alcançar a iluminação para benefício de todos os seres. O projeto surgiu depois de um retiro hiperintenso na última semana de 2013 com dois mestres muito poderosos e inspiradores, Jigme Khyentse Rinpoche e Tulku Pema Wangyal Rinpoche, que acabamos chamando de "Tulku Anjo". Ele tem um projeto chamado CASA em Portugal que serve refeições para moradores de rua 365 noites por ano e me acompanhou, com parte dos participantes do retiro, na comemoração do Natal debaixo do Minhocão. No dia 1º de janeiro, minhas idas e vindas sem planejamento viraram um trabalho organizado junto com minhas amigas queridas.

Anos antes do Casa Bodisatva existir, encostei pela primeira vez debaixo do Minhocão em uma véspera de Natal, com receio de ser mal recebida. Disse que queria levar alguma coisa para eles mais tarde. Perguntei se queriam panetone e eles responderam, rindo, "olha o tanto de panetone", me apontaram a pilha de embalagens embaixo do viaduto, estava passando gente ali desde cedo, abrindo o porta-mala do carro e deixando panetone...

Gostei deles, do seu senso de humor, e pensei: vamos caprichar nessa ceia. Saí para o supermercado e comprei champanhe sem álcool, taças de plástico, presunto, peito de peru, pratos, garfos, pinheirinhos de Natal, flores e uma toalha de mesa que cobriria duas caixas de papelão. Montamos a festa e fiquei com eles até dez da noite. Um deles, o Moisés, pediu dinheiro para comprar gelo no posto de gasolina. Voltou com o pacote e os R$2,50 do troco. Aquele foi o primeiro de vários Natais com meus amigos, e nos seguintes eu nem ia embora pra casa, virava a meia-noite ali mesmo.

Nunca fiquei em situação de perigo em nenhuma dessas ações quando saía na "missão maloca", em grupos ou sozinha. As pessoas sempre me perguntam, se preocupam, acham que os moradores de rua vão nos atacar se nos aproximarmos deles. Acho difícil que aconteça, se você abordar com cuidado – e desistir do contato se for o caso, oras.

Como em qualquer grupo social, às vezes as pessoas são mais desconfiadas, rejeitam a aproximação. Outras são animadas, calorosas, prontas para uma conversa. De vez em quando alguns maloqueiros parecem invocados, mas relaxam conforme a gente vai puxando assunto, compreendem que a ação é de paz. Quem trabalha com população de rua sabe quantos vão preferir que você pare e converse, responda ao que eles comentam, do que simplesmente dê o dinheirinho do café e vá embora sem ouvir ou falar nada.

As coisas ficam realmente tensas às vezes e a gente tem de ter o discernimento de "vazar". Uma vez precisei apartar uma briga de faca entre uma mulher e outro morador que deu um pito no filho dela, um menino de seis ou sete anos que enfiava a mão na bolsa das pessoas. Ela estava "na noia", era muito forte, então fizemos o mais indicado: partimos levando o ameaçado.

Já tivemos de apaziguar os ânimos no pronto-socorro, um destino frequente em nossos rolês. Não é raro os maloqueiros serem muito mal recebidos e, já alterados, não conseguem se conter ou acham que "meter o louco" é o único jeito de serem atendidos. Às vezes têm razão.

A Duda, uma das pessoas que conheci na Praça da Sé, tinha sido hostil no primeiro contato conosco e depois era uma pessoa que eu sentia vontade de ver. Às vezes estava muito bêbada, inventava histórias, brigava com todo mundo menos comigo. Dizia que estava grávida, mas era barriga inchada da cirrose. O nome do filho seria Franklin ou Bell, em homenagem a Benjamin e Graham. Mas havia dias em que só queria um suco de goiaba, íamos juntas à lanchonete e eu pagava um x-tudo. Só não enxotavam aquela figura desgrenhada porque estava comigo.

Era muito inteligente e sagaz, era um prazer conversar com ela quando estava careta ou apenas ligeiramente chapada. Como outros três amigos da rua – o "Pamonha", o Bill, a Denise – morreu de doença, e com eles aprendi os tortuosos caminhos para tentar impedir uma pessoa "indocumentada" de ser enterrada como indigente.

Ele não era aquele que estava fingindo ser, logo que a gente se aproximou da roda na Marechal. Ostensivamente frio, calado, desinteressado pelo que estava acontecendo ao redor, desde a nossa chegada. Abaixou um pouco a guarda bem mais pra frente, quando começamos a circular um caderno que levávamos para quem quisesse anotar uma mensagem, fazer um desenho, contar alguma história.

– O que é isso aí?

Expliquei e perguntei se ele queria escrever uma lembrança.

– Eu não sei escrever. Eu falo e você escreve.

Recitou um poema feito por sua irmã Solange, cheio de orgulho. Depois tornou a ficar na dele, caladão, mas já menos esquivo.

Era quase hora de ir embora quando descobrimos que era aniversário da Fabíola, uma das moradoras daquele vão do Minhocão. Comemorar com eles é uma das ações mais divertidas da Conexão (que depois passou a se chamar CASA, para se juntar à rede do Tulku Wangyal). Compramos um bolo no supermercado, guaraná, bexigas. Dig Dig ali, caladão. Eu já estava maquinando uma ideia antiga, tinha chegado a hora dela.

– Fabíola, pede o que quiser de aniversário. Qualquer coisa. Tipo: "Dig Dig tomar um banho".

Ela rachou de rir, "Isso! Isso!". Todo mundo se empolgou, "banho nele"! Opa, animação demais, iam acabar tacando um balde de água fria na cabeça do homem.

– Calma, que tá frio! Vamos pegar mais leve que é a primeira vez, que tal lavar os pés?

Toparam, acharam divertido. Mobilização geral na maloca. Um trouxe a banheirinha de bebê onde lavavam roupa, outro buscou o sabão em pó, apareceu um detergente, uma esponjinha. "Vocês vão ficar sem"! "Nada, depois a gente consegue mais". Eu já tinha trazido luvas de borracha do supermercado, mal intencionada. O Ricardo, outro maloqueiro, entrou na dança, e no fim a Luciana meteu a mão na água sem luva nem nada. Cantei a música de réveillon enquanto alguém gravava:

– Adeus, pé fedido velho; feliz pé limpinho novo! Que tudo se realize...

Realizada estava eu. "Esse cara pensou que ia me intimidar"? Enquanto a Luciana enxugava os pés dele sob as recomendações da Gabriela, amiga dele, para caprichar entre os dedos "para não dar frieira", outros começaram a zoar:

– Olha lá, o Dig Dig é branco!!

Dali em diante, não tinha mais má vontade, desconfiança, "gelo". Fuçando no meu celular, a Gabriela descobriu uma foto de nosso mestre tibetano Chagdud Rinpoche, que parece muito o Senhor Miyagi do Karate Kid. Eles não falaram nada, só caíram na risada e começaram a fazer poses de Kung Fu. Achei uma graça terem a referência cinematográfica, nem imaginava o quanto o povo na rua conhece filmes de tudo quanto é estilo. Já peguei uma conversa no pátio do Colégio de madrugada sobre *A Lagoa Azul* e *O Náufrago*; o Dig adora *Uma Linda Mulher*.

O cair da noite ainda teve vôlei improvisado com a corda do varal no meio do canteiro em frente ao metrô, que terminou com a bola estourando debaixo do pneu de um ônibus. Eles fazem estragos feios por ali – volta e meia um maloqueiro bêbado entra na frente de um, e a maioria sobrevive porque Anjo da Guarda de bêbado tem superpoderes. O cachorrinho mais lindo do mundo, o Cachacinha, da Gabriela, teve o mesmo fim da bola semanas depois. Não tem dia fraco quando você sai para a rua, mas aquele superou qualquer outro que eu tivesse vivido.

Saí de lá sabendo que o Dig Dig era especial pra mim. E que eu estava sendo ou ainda seria especial para ele, mas isso quem não sabia era ele. Guardei o segredo. Mesmo disposta a encarar sobrancelhas franzidas e narizes torcidos sempre que precisar, era melhor maneirar dessa vez. Pra que criar alarme? Sim, ele estava sujo. Imundo. Provavelmente há quinze ou vinte dias sem tomar banho.

Mas não me causou qualquer tipo de repugnância (o que não é nada de mais, eu encosto e pego nas pessoas como elas estiverem).

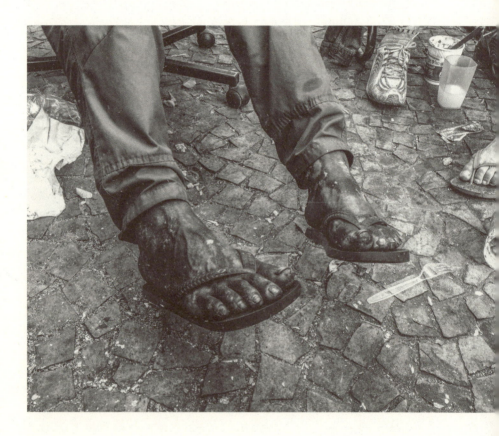

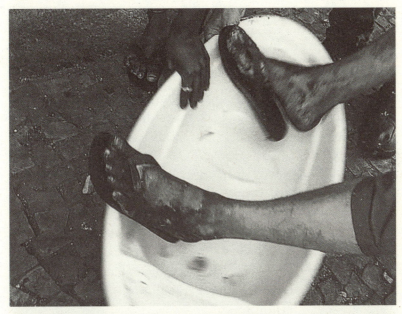

Fui percebendo que estava ficando cada vez mais interessada em estar com ele. Aquela hora em que você confessa pra si mesmo que conta os dias, os minutos, para encontrar a pessoa. Percebi essa ansiedade, essa expectativa, e ficava frustrada quando não o encontrávamos na praça. Amanhã vamos à Marechal. Amanhã é dia de rolê, que maravilha. Você está confundindo as coisas, diziam – não é a primeira que passa por isso.

Certa vez fomos de carro até a Brasilândia visitar uma amiga. No caminho, eu dirigindo, olhei pelo espelho retrovisor e vi o Dig Dig distraído, olhar distante. Estava tocando Marvin Gaye no rádio e ele acompanhava, sussurrando "Let's Get in on...". Caramba, pensei, esse maloqueiro é diferente mesmo. Olhei no futuro distante e me imaginei explicando para as pessoas "olha como ele é especial". Bateu de novo quando ele disse que *Os Intocáveis* é um filme maravilhoso, e que ama "Losing My Religion", do REM.

Mal sabia eu que ali estava alguém que também iria cuidar de mim. Ele cuidava de todo mundo: guardava os remédios e se lembrava dos horários de tomá-los, sabia acudir em caso de convulsão (na rua acontece muito) e ficava com o cartão do Bolsa dos amigos e as senhas, porque era garantido que não iria perder, esquecer ou usar para si mesmo.

Ele não precisava de quase nada nem de ninguém e portanto não precisaria de mim, não dependeria de mim – coisa rara na minha vida. Tinha se virado na rua durante vinte anos, três deles no Rio de Janeiro – Central do Brasil, Candelária, Aterro do Flamengo. Conta essas passagens com orgulho e com graça, "passei vários réveillons em Copacabana, quando vim embora para São Paulo teve maloqueiro que chorou".

Pouco tempo depois de conhecê-lo, combinamos levar cinco amigos da rua para a praia de Santos. Gabriela, fuçando novamente em meu celular, tinha encontrado fotos do litoral, "nunca fui para a praia". Marcamos o dia e fomos para Santos em dois carros, o meu e o da Luciana, com o Dig Dig no dela. Depois a Luciana me contou a festa que ele fez quando percebeu que a placa do meu carro era DIG. Tinha um clima que ela nem imaginava.

Para ir ao passeio na praia ele fez a barba e tomou banho. Achei graça em vê-lo "descascado". Entraram todos no mar debaixo de garoa fina e 17 graus de temperatura, e quem disse que se importavam? Mas os outros tinham se virado com biquíni doado, sunga, calção ou cueca, e Dig Dig era o único que estava com uma calça de moleton. Tremia fora da água com a roupa ensopada.

– Tira isso e se enxuga.

Envergonhado, respondeu:

– Fia, eu não estou com nada por baixo.

– Eu trouxe um roupão do Palmeiras de presente para você. Dá a calça que eu torço.

Vou comprar umas cuecas pra ele, pensei. Não seria novidade para o Casa Bodisatva, mas aquele caso era diferente... Escolher cueca foi tão legal, uma pequena aventura ir até a loja de R$ 1,99, comprar sem ninguém saber e depois levar, também escondido.

– Olha o que eu trouxe pra você – quando entreguei, ficou encabulado.

Teve um dia em que estava fora da roda, chorando em silêncio. "Saudade da minha mãe". Eu o teria levado na mesma hora para São Mateus, mas ele não quis aparecer em casa naquele estado, depois de tanto tempo sumido. Puxei ele pra mim, e o abracei.

Eu abraçava todo mundo, mas o abraço nele não era igual. Comecei a me imaginar abraçada com ele debaixo do cobertor até dormir. Eu faria isso. Queria acordar do lado dele, dar bom-dia, como sempre gostei de fazer quando estou namorando.

Sou do tipo que gosta de dormir junto tanto quanto de transar. Só que a cama dele era um cobertor no chão, em um canteiro central, entre dois corredores de ônibus.

Em uma das tardes de nossa ação no Minhocão, levei meu *tablet* para brincar de Google Street View com o pessoal da rua. Eles ficam fascinados, e eu também, com a possibilidade de procurar e localizar a cidade em que nasceram, percorrer as ruas ou passar de satélite por cima delas buscando referências – a escola, a praça, a casa de uma tia. É emocionante.

Tinha uma fila, mas o Dig Dig tentou passar à frente dos outros, sem conseguir se conter, como uma criança. Pedi paciência. Ficou irritado, fez birra, virou as costas e saiu andando.

Fui embora logo depois, chateada. Que jeito ruim de terminar a tarde... Inventei um pretexto e voltei, quando vi que ele também estava voltando, caminhando na minha direção.

– Porra, Dig Dig, espera sua vez.

– Ah, eu fiquei nervoso.

– Vem comigo até o ponto de ônibus.

Passei o braço na cintura dele e assim andamos debaixo do Minhocão, sete da noite, trânsito carregado e ponto de ônibus lotado.

– Não faz mais isso. Você não pode ter um xilique porque as coisas não saem do jeito que você quer.

Parei um pouco antes do ponto e dei um abraço nele, forte e demorado, com alívio por termos desfeito o clima ruim. Ele surpreendeu.

– Me dá um selinho.

Pensei: Ah meu deus, eu não devia. E se alguém nos vê?

Não foi selinho, ele me deu um beijo inacreditavelmente bom, eu não fugi. Não imaginei que aquela pessoa, aquele homem, pudesse beijar tão bem. Eu pensava nas pessoas no ônibus e no ponto, rezava para ninguém me reconhecer.

"O que explica essa sua paixão"? Ouço isso bastante. Sei lá. Nunca se sabe explicar por que uma pessoa nos apaixona e outra não. Outras vidas explicam. Todas as conexões são de outras vidas.

Para um budista, quando sua mente se vê sem corpo, não tem mais nada que a contenha, então vai ser carregada pelos ventos do *karma*. A mente encontra formato, história, conforme seus próprios hábitos e impulsos. Se sua vida foi só ódio e rancor, o corpo se desfaz mas a mente é ódio, ela não encontra assento em nenhum outro tipo de existência que não seja ódio, o que se traduz na experiência de inferno.

Isso explica muita coisa. A gente não é só o que é desde que nasceu. Não nos formamos apenas a partir de nossa história celular, com as partezinhas de mãe e pai, mas muito mais do que isso. Vários são os fatores que influenciam nossas escolhas; imagine a força do inconsciente coletivo, o cérebro social compartilhado com as memórias todas de toda a humanidade. Não é à toa que Carl Jung cultivou grande interesse no budismo.

No dia seguinte ao do nosso primeiro beijo, almocei com um amigo que perguntou se eu estava namorando, e muito animada respondi:

– Vou descobrir hoje!

Achei que Dig Dig estaria nas nuvens, como eu estava. Fomos caminhando até o Parque da Água Branca. Ele reagiu do último jeito que eu podia imaginar:

– Você está zoando comigo? Qual que é a fita do bagulho?

Peguei uma latinha de refrigerante jogada no chão, o que normalmente faço, e ele deu um tapa na minha mão:

– Para de catar lixo! Você não é catadora.

Pensei que estava brincando, mas era raiva mesmo.

– Quer se mostrar pras suas amigas?

– Meu Deus, Dig, calma. Claro que eu gosto de você! Você não sente que é verdade?

Onde eu fui me meter? Ele irado no parque, eu dizendo: É verdade que eu gosto de você... Mas era ele quem não acreditava no que tinha acontecido. Achou que tudo estava fora do lugar, quem era aquela louca que cata latinha, talvez só quisesse tirar uma onda, *take a walk on the wild side...* Não seria a primeira. Uma vez uma mulher bêbada perguntou na maloca, de madrugada, se alguém sabia dirigir para levá-la para casa, e entregou o carro na mão dele!

Começamos a namorar escondido. Eu o encontrava na maloca e saíamos andando até uma rua mais sossegada. Os maloqueiros começaram a desconfiar, até que um dia Gabriela, justo a mais escandalosa, flagrou um beijo.

– Minha mãe tá namorando com o vovô! E agora, você é minha avó ou ele é meu pai?

A mãe da Gabriela se chamava Sonia e tinha morrido anos antes por causa de crack. Eu tinha uma neta Gabriela, então ela achou bom me adotar como mãe. Antevendo o que me esperava, avisou: "Agora segura o B.O."!

Quando eu conseguia ir de carro, procurava uma rua mais escura pra estacionar, me escondendo dos estudantes que saíam da faculdade no quarteirão de trás, morrendo de medo que reparassem em nós.

A situação começou a me incomodar. Puxa, não posso estar com meu namorado onde eu quiser? Não tenho que namorar escondido. Estou solteira, sou adulta. Vamos lá pra casa, decidi. Minha filha mais nova, a Julia, que mora comigo, estava viajando.

Sou uma pessoa que não é de ter muito medo, mas tinha de me preocupar com a possibilidade de ele "pirar" e me machucar. Eu não daria essa chance. E achei bom ele não saber meu endereço nem o caminho, assim só voltaria se eu quisesse.

Entrou em casa todo encolhido, cabeça baixa, braços junto ao corpo como se tivesse medo de esbarrar em alguma coisa e se machucar. Quando se viu de frente para um espelho grande, ficou perplexo:

– Não acredito que você gostou de mim desse jeito. O que você viu em mim? Como pode gostar disso?

Ele se olhava de corpo inteiro e repetia – ... sou tão feio.

Eu estava preocupada com outras coisas. Não sabia se ele tinha HIV, peguei camisinha e tentei falar com a máxima naturalidade que precisávamos tomar cuidado.

Ele passou a noite lá em casa, saímos juntos de manhã. Alguns dias depois chegou exultante, orgulhoso, com os resultados dos exames feitos com os encaminhamentos do Consultório na Rua: tudo negativo. HIV, hepatite, tuberculose, não tinha nada. Nem ele acreditava.

Foi ficando cada vez mais difícil (para nós dois!) ele ir embora, voltar para o viaduto. Quanto mais se recompunha, mais gostava de se cuidar, tomar um belo banho, fazer a barba, passar gel no cabelo "ruim" (segundo ele mesmo). Tem *rolão*? É como os maloqueiros chamam, inadvertidamente, o desodorante roll-on. Me ajudava com a casa, fazia umas comidinhas ótimas, com a maior criatividade e cuidado. Arrumava a cozinha muito melhor do que eu. Uma vez lavou a lavanderia e ficou puto, "ninguém nunca arrasta a máquina de lavar para limpar atrás"?

A gente ria junto, se divertia com tudo que para ele era novidade.

Foi marcante vê-lo encantado com os filmes da TV a cabo, documentários sobre surf, videoclipes, seriados. Como Deus é maravilhoso, ele repetia fascinado, assistindo às ondas gigantes na TV. Adorou *House*! O problema é que só queria a versão dublada, agora é que está encarando assistir com legenda. Era mentira que não sabia ler, só tinha vergonha da própria letra.

Gostou de ir comigo a lugares que não frequentava, a começar pelo metrô – só andava de ônibus porque os motoristas davam carona. Ficou louco com a quantidade de livros na Livraria Cultura do Conjunto Nacional – e apavorado com a ideia de que eu levasse mais alguns para casa.

Fomos ao teatro, ao cinema... Não era a primeira vez que fazia passeios com pessoas que não conheciam nada disso, mas agora era completamente diferente. Quando é projeto social, o.k., mas ele era meu acompanhante e isso não passava despercebido. Andar ao meu lado como se fosse normal? Nada disso.

Seguranças o seguiam no supermercado. Olhavam torto para ele nos lançamentos de livros e estreias de filmes. Mais de uma vez o abordaram, o senhor vai aonde? Eu olhava para ele de banho tomado, cabelo penteado, roupas comuns, se comportando direito, e pensava: Como percebem que tem alguma coisa diferente? Onde está escrito na testa que ele é maloqueiro?

O pior é que a reação dele era péssima, e às vezes ainda é, e aí que o maloqueiro vem à tona. Encara de volta, responde mal educado, tudo que eu detesto. Se eu chamo a atenção dele na frente das outras pessoas, é humilhante, ele reage pior ainda. Se não chamo ou disfarço, olham pra mim como se eu fosse uma múmia, "Você não vai fazer nada"?

O "abismo cultural entre nós" não existe para mim, só para os outros. Em nada me importa que ele não tenha referências sobre Soderbergh ou Fellini. Posso falar sobre isso com outras pessoas. A troca intelectual existe em outros níveis: ele é muito inteligente, perspicaz, com uma vivência riquíssima. Já lidou com episódios violentos, a morte dos irmãos, abusos da polícia, um grande amigo da rua que morreu ensanguentado em seus braços. Viver na rua de uma metrópole aprofundou sua visão sobre o drama social ao mesmo tempo em que ele guarda uma ingenuidade, é o matuto na cidade, uma espécie de *Crocodilo Dundee*, sem um pingo de noção das regras de etiqueta.

Dig Dig, que até outro dia ninguém conhecia como Paulo Sergio, veio pra São Paulo com dois anos de idade. A família saiu de Primeiro de Maio, no interior do Paraná, depois que uma seca violenta destruiu as plantações de café e vieram soja e milho no seu lugar, que precisam de poucos braços.

Família muito pobre, que vivia de barraco em barraco na Zona Leste da cidade. Dois deles desabaram com o deslizamento de terra depois de uma enxurrada, só escaparam porque a mãe ouviu o estalo e correu com as crianças para o meio da rua. A mãe dele hoje tem uma boa casa, mas para conseguir trabalhou até recentemente como faxineira.

Ele foi entregador de supermercado quando criança; era Menor Patrulheiro do CAMPS, projeto social muito perto do aparamento onde eu morava com minhas filhas, em Santana. A creche da caçula, a Sarah, era exatamente ao lado. A gente pode ter se cruzado na rua, ele com 12 anos, eu com as duas filhas pequenas, uma no colo e outra pela mão. Talvez tenha reparado e achado graça naquele menino vestido de soldadinho.

Como eu queria que minhas filhas o entendessem, conhecessem melhor sua pureza, a graça de achar linda a natureza e agradecer a Deus por isso. De se encantar com o *YouTube* e o *Waze*, de descobrir que gosta muito de gatos e conversa com eles como pouca gente consegue...

O convívio em casa não foi nada fácil. Há vinte anos ele vivia na rua, e nos últimos anos bêbado, todos os dias precisando beber sua dose, com a vida girando em torno de uma garrafa de pinga. Hoje em dia ele fica tímido na hora de pedir uma informação, ir ao banco, eu me irrito – como você se virou esses anos todos na cara de pau? É que eu estava chapado, fia, careta é mais difícil.

Foram meses de tormentas. A gente saía de manhã, cada um para o seu lado, e quando ele voltava, de noite, chegava bêbado. No começo contornava, mas depois foi escalando e passei a não deixar que ele entrasse. Fiquei com um pouco de medo dele ficar aparecendo assim, sem controle, naquele estado. Sei o que é ter um alcoólatra dentro de casa. Pode chegar quebrando tudo, deixando o rastro, infernizando a vida em volta.

Eu tinha uma vizinha com um filho com esse problema, assistia sua dor de perto. E agora eu vivia essa história com meu namorado, e precisava explicar a situação para a minha filha Julia – que depois de chegar de viagem e se dar conta da presença de Paulo, cada vez mais frequente, me perguntou com bastante raiva:

– Esse cara vai ficar aqui agora?

Não estava com medo, mas muito chateada. Entendi suas razões. Mas respondi que aquela era minha casa, que as mães namoram, mães casam de novo.

– Eu não posso namorar ninguém, ou o problema é ele?

Uma pessoa que mora na rua não é um poste, não nasceu na rua. Se fosse um engenheiro alcoólatra, o problema com o namorado da mãe ou da filha seria o mesmo?

Minha mãe exigiu que eu fizesse uma consulta psiquiátrica, depois de uma troca de e-mails horrorosos, me tratando como alguém que perdeu totalmente a noção da vida em sociedade, disse que ia me interditar.

– Por que você abriu mão da sua carreira? Quem vai votar em você quando souber disso?

A médica da Rachel, minha filha mais velha, indicou um psiquiatra. E lá fui eu, encontrando as duas, mãe e filha, já na sala de espera. Ele pediu que eu entrasse sozinha e tudo foi bem tranquilo – perguntou se eu não tinha receio de me relacionar com um morador de rua. Com muita calma expliquei que estava acostumada a tratar e enfrentar esse tipo de situação, trabalhava em ações sociais há muito tempo. Que sabia dos riscos de estar próxima a alguém com a história dele, e que eu pediria ajuda se precisasse.

Depois dessa conversa, minha mãe entrou com minha filha no consultório. Situação muito incômoda pra mim, que nunca fui de ficar falando sobre relacionamentos pessoais, sentimentais, com elas. O psiquiatra observou que não se emite um laudo após uma consulta apenas, mas não havia identificado nenhum sinal de doença mental, pelo menos não durante os quarenta minutos em que conversamos, afirmou que eu concatenava perfeitamente as ideias e parecia lúcida.

– Mas eu não durmo! – explodiu minha mãe, aos prantos. – Passo as noites em claro preocupada com a Sonia!

Quando Paulo voltava bêbado para casa e eu não o deixava entrar, ele reagia gritando, na rua. Era constrangedor com os vizinhos, e cada vez mais a situação se estendia, ele não ia logo embora. Às vezes me chamava, aos berros, de "vereadora Sonia Francine", cuspindo desprezo.

– Por que você me tirou de lá, por quê? Eu estava bem lá!!

Escândalo, coisa de Polícia 24 Horas. Procurando manter a calma, eu ia até a janela e tentava conversar com ele.

– Eu não tirei você de lá. Eu te convidei, e você quis vir.

Durante aquele período tortuoso, de altos e baixos, a gente acreditava que ele podia parar aos poucos. Mas com bebida não funciona assim. Eu não vou mais beber, prometem. No mesmo dia recomeça o tormento: você bebeu, não bebi, por que você faz isso, não me respeita, você que não me respeita e vem falar em pinga, agora que eu vou beber mesmo.

Não tem diálogo, negociação, acordo. É uma doença. Uma doença que causa ódio e condenação moral – primeiro, a minha em relação a ele. Depois, a de todas as pessoas em relação a mim. Se seu marido é um alcoólatra, você só pode ser uma idiota. Aliás, você também diz isso a si mesma.

Em uma noite de fúria, fechei a porta, Paulo a esmurrou querendo entrar, Julia comigo dentro de casa. Chamei a polícia, com medo de que ele conseguisse derrubar a porta e, descontrolado, pudesse machucar a gente. Ele acabou indo embora, não chegou a acontecer nada de pior, mas o susto foi grande. No fim foram três, quatro, cinco vezes chamando a polícia. Cada dupla tinha uma postura diferente: alguns, muito corretos, seguiam um protocolo com toda a formalidade e acabavam ordenando que se afastasse dali. Alguns tentavam dar conselho, "olha a sorte que você teve, rapaz". Outros eram mais na linha "vaza, Joe, ela não quer você aqui".

Não foram poucas as noites em que Paulo aparecia morrendo de dor de cabeça e eu o deixava entrar, dormir no sofá da sala. Muitas vezes achei que ele ia morrer. Uma noite convulsionou e precisei levá-lo até o pronto socorro, com dores no corpo, e os exames comprovaram que seu fígado estava comprometido, talvez sem salvação. Uma pneumonia forte também provocou uma ida urgente para o hospital, quando eu ficava condoída, preocupada, triste por ele estar sofrendo.

Mas quando ele sumia dois, três dias, era um alívio. Se ele não aparecesse mais, melhor. Cheguei a desistir várias vezes – não consigo, não amo mais, não quero perto. Ele vinha, sofrido, eu morria de dor, mas estava cansada. Já havia me causado tanto embaraço, me fez passar muita vergonha. Bêbado, desagradável, folgado, vulgar, desrespeitoso, ignorante.

Muita gente é testemunha. No meu trabalho na Coordenação da Diversidade, nas primeiras reuniões com o prefeito e também nos três meses em que fiquei na Secretaria. Eu precisei dar ordem na portaria:

– Sabe o Paulo, meu companheiro? Ele não pode subir. Como você faria com qualquer pessoa que estivesse entrando aqui sem autorização, por favor, pode impedi-lo de entrar.

Terminei várias vezes, e quando ele vinha me perturbar, eu ameaçava, e cumpria, seguir até a viatura de polícia mais próxima. Ele gritando pela rua. Eu andando até encontrar os policiais:

– Ele está me perturbando, ameaçando. Eu preciso que vocês me ajudem.

– E ele é o quê?

– Ele é meu ex-companheiro.

Durante muito tempo foi meu ex. Que eu podia receber mais uma vez de volta em casa magro, encovado, tossindo, pensando que podia morrer de aneurisma por causa das dores de cabeça. Mas eu sabia que era meu ex. Pelo menos enquanto fosse alcoólatra.

Eu não tinha mais vergonha de dizer que ele estava alcoolizado, para que os policiais entendessem rápido e viessem em meu socorro. Ele não era loucão, nem simplesmente alterado, era alcóolatra. Já tinha superado esse nó meu. Estava cada vez mais serena na ideia de que devia terminar.

Veio outra noite em que ele estava muito, muito louco, não havia Cristo que o fizesse ir embora. Polícia mandou embora, ele não foi. Gritou, esculachou, ofendeu, desafiou. Os PMs deram voz de prisão. Ele xingou mais, resistiu, reagiu, aí judiaram dele. Jogaram no chão, algemaram com brutalidade, ele chutando e dando escândalo.

De um apartamento do outro lado da rua, alguém gritou: "É assim que você faz, Soninha? O Doria sabe disso?" Eu vi o que aquilo parecia. Que eu tinha chamado a polícia para enxotar um maloqueiro da minha porta. Eu respondi: "É meu ex-companheiro, senhor, me ameaçando", e fiquei paralisada, não sabia o que fazer, se mandava ele parar de xingar os "pau no cu" ou os policiais pararem de bater.

Não dava mais para continuar, aquilo se repetiria outras mil vezes. Tive de ir até a delegacia, ou não teria como registrar a ocorrência. Jogaram-no no porta-malas como se fosse um saco de entulho, gritava "tá machucando", e eles passavam pelas valetas como se não tivesse ninguém no carro. Eu estava cansada e brava, me acabei de chorar no banco de trás.

No 91ª DP, foram supercuidadosos e compreensivos comigo. Desconfio que me reconheceram, mas às vezes reconhecem e não muda nada. De lá fomos ao PS da Lapa fazer o corpo de delito. Outra vez, tiraram do porta-malas como se fosse um monte de roupa suja. Depois jogaram de novo no porta-malas de qualquer jeito, todo torto, ele chorava e gritava. Finalmente, criei coragem e perguntei, aos prantos:

– Precisa ser assim?

– Tá com peninha, ainda?

O Horror. Posso escrever um livro só com "minha experiência com a Maria da Penha". Passagens pelo Fórum e tudo mais. Às vezes parecia até que, por nunca ter havido "vias de fato", eu era um ET naquele meio, como se estivesse ocupando o lugar de alguém que precisava mais do que eu. Mas foi bom estar em uma roda com outras mulheres, fazer as perguntas que elas tinham receio de fazer, aconselhar. A maioria queria desistir do processo, "meu filho não é má pessoa, ele só precisa parar com as drogas"; "meu marido não precisa de cadeia, mas de tratamento".

Início de 2017, Doria assumindo a Prefeitura de São Paulo, eu na Secretaria de Assistência e Desenvolvimento Social. O grau de constrangimento que as crises de Paulo causavam havia ultrapassado qualquer nível de tolerância. Eu tinha vontade de esfregar a cara dele no asfalto.

Foi quando Paulo decidiu fazer o tratamento com ayahuasca, ou melhor, aceitou ir passar um fim de semana em Rio Preto com o Adriano, amigo dele, sem saber direito o que era. Achou longe demais, acordou no sábado apavorado achando que ia ser largado lá a meu pedido. A experiência não resolveu, de pouquinho em pouquinho voltou a beber e atormentar. Pinga é um horror, e essa merda de barrigudinha é barata demais.

Acostumado a lidar com dependentes químicos, Adriano fez novo convite a Paulo – uma semana inteira participando de vivências em um sítio em Juquitiba.

Passou uma semana e pediu para não sair. Ficou um mês inteiro isolado no sítio, sob tratamento intensivo. Os efeitos da ayahuasca refizeram cenários terríveis em sua memória, ele se via no bar, na "boca", suava, vomitava, chorou como criança. Até hoje, nunca mais colocou pinga na boca, não gosta de ouvir o nome. Se oferecem uma dose, como já aconteceu, ele responde:

– Esse Dig Dig é passado, isso é maldito.

Há quatro anos nos conhecemos e a relação só agora se assentou, tem a graça e a chatice de qualquer relacionamento. O problema não era Paulo, mas o alcoolismo. Um mês em nossas vidas mudou tudo. Porque ele se curou, se pacificou, deixou de beber. Desde que parou completamente com a pinga, e eu parei também pra acompanhá-lo, entramos numa nova era. Ele acorda às seis da manhã, desce e logo arruma a cozinha se precisar, sobe com o café pra mim.

Com a Julia, sua relação melhorou muito. Quando chega em casa, ela já o cumprimenta, o namorado santista brinca com os resultados do futebol. Paulo fica feliz se ela aceita o que ele oferece – alguma coisa para jantar, uma pizza.

Ele sai para trabalhar em um serviço da Prefeitura para moradores de rua. Limpa quartos e banheiros, é um funcionário dedicado, chega cedo e gosta do que faz. E, naturalmente, dá conselhos para os conviventes, que ele chama de "viventes".

Assistimos juntos ao noticiário pela TV, e sua compreensão do mundo da política vem se ampliando, me surpreende – afinal as profundezas de uma cidade ele conhece bem. Paulo me faz companhia, é muito divertido quando ficamos juntos em casa (o desgramado é noveleiro e me viciou em novela) ou sai com outras pessoas. Hoje meus amigos são amigos dele, e isso pra mim é de uma alegria profunda.

Ele me visita no Gabinete e é bem recebido, principalmente depois que passaram a saber de sua história. Havia dormido muito tempo na praça atrás da Câmara, onde ganhava pizza uma vez por semana de policiais militares generosos, e nem sabia que podia entrar no prédio. Assiste a sessões plenárias da galeria e racha o bico, acha tudo muito surreal.

Continua não fazendo a menor diferença se ele não sabe quem é Antonioni. E ele também não liga se eu não sei a formação do Katinguelê.

voto de refúgio

Meu amor pelo Paulo precisava ir além de qualquer ideia de reciprocidade. O namoro não podia se basear na expectativa, ainda que inconsciente, do que o relacionamento poderia trazer de bom para meus esforços e paciência valerem a pena.

Ainda bem que eu sou budista.

Um praticante budista se compromete a cuidar mais do outro do que de si mesmo. A desapegar-se do "eu" e desenvolver a capacidade de trazer benefício para todos os seres, sem critérios de preferência e merecimento, sem anseio por retribuição. Complexo? Não é à toa que o Buda disse "não confiem em algo apenas porque foi dito por mim; examinem e, se concordarem, pratiquem". Haja meditação!

Você faz com máximo capricho qualquer pequena coisa que esteja ao seu alcance e, o que você não puder fazer de fato, faz em pensamento. Coloca um pouquinho de água para um passarinho e aspira que todos os seres, quem quer que sejam, onde quer que estejam, fiquem livres da sede. Oferece o conforto da poltrona para que em todos os recantos do mundo as pessoas possam encontrar um minuto que seja de descanso. Assim você transforma sua mente.

Querer me doar pelo outro já vinha de minha religião original. Eu era católica por convicção e não por herança de família. Minha mãe já tinha rompido com a regularidade da família – missa todo domingo – quando fiz a Primeira Comunhão. Na igreja de Santa Teresinha havia um salão separado só para a Missa das Crianças, às 9 da manhã. Eu saía sozinha de casa, chegava mais cedo para saber quem faria a Primeira e a Segunda Leitura, arrumar o altar e os paramentos. Tinha 9 anos e amava participar de tudo. Fizemos uma eleição para a direção das atividades na igreja e me elegeram presidente.

Vivia uma relação forte com Deus. Estava certa de que me ouvia e sabia da minha sinceridade – "Ele está vendo meu coração". Gostava muito de me sentir tão próxima d'Ele, pedir e agradecer. Minha vida era permeada pela religião e o papel de um cristão no mundo era como eu entendia que devia ser o meu.

Na adolescência, alguns pontos começaram a me incomodar. Uma das questões era a insistência em associar sexo e pecado. Por que a relação entre duas pessoas que não fizeram voto de castidade seria uma afronta a Deus? Não via isso nas palavras de Jesus, então por que a igreja tinha tomado essa posição?

Ela me parecia cada vez mais divorciada da sociedade, mas isso não era o mais grave. Eu podia "contornar" a instituição e seus equívocos, compreender a diferença entre os humanos. Amava as freiras da minha escola: irmã Maria Clara, irmã Irene, irmã Veranita, irmã Teresa Cristina. O padre Giba, o papa João Paulo I e o II. A fé poderia continuar a mesma, tendo essas pessoas como referência.

Mas comecei a ter conflitos com a própria religião. Se Deus é Bom, Justo e Onipotente, como explicar tamanho sofrimento no mundo? Como ele podia permitir que seus filhos fossem vítimas de injustiça, que crianças nascessem para sofrer até morrer de fome em Biafra?

Parei de ir à missa aos 13, 14 anos quando concluí, com a maior certeza do mundo, que a gente inventou Deus. O homem criou Deus, e não Deus criou o homem. Por isso não faz sentido completo, é uma criação. Não existe um Deus que a gente descobriu, mas um Deus que a gente compôs, concebeu (e cada um concebeu ou decidiu o seu, por isso tanta confusão). Bem-vinda ao mundo ateu!

Mesmo com toda essa "racionalidade", a conexão continuava com Maria. Recorria a ela como quem recorre a uma mãe amorosa, compassiva e poderosa. Ela me entendia, me acudia, cuidava das minhas filhas. Ela era o Amor, a presença. Se divindade é sinônimo de Bondade Perfeita, então estamos de acordo.

Anos depois o budismo começou a aparecer no meu caminho. Quando comecei na MTV, em novembro de 1990, trabalhava treze horas por dia. Tinha toneladas de coisas para fazer e era muito meticulosa em todas elas. Resultado: vivia sobrecarregada, irritada, tensa. No meio do caos, meu auxiliar direto na redação dos programas, o Daniel Pompeu, permanecia imperturbável. Quando eu estava a ponto de explodir, ele me acudia sem alarde, sem se abalar sob pressão.

O Daniel tinha dois amigos que também eram tranquilos, leves, ponta firme. E eram budistas, os três! Frequentavam juntos os ensinamentos, conversavam sobre práticas de meditação e às vezes se retiravam por alguns minutos para fazer recitações em tibetano. Eu achava uma graça, mais ainda porque nenhum deles tinha o perfil de meditador, o estereótipo do "zen". O Daniel e o Marcelinho tinham sido metaleiros e na época tocavam hardcore, e o Marcão era vocalista de uma banda punk chamada Lobotomia.

Em um fim de semana, subimos juntos a serra para Maringá, onde o Marcão morava em um barraco de madeira construído por ele mesmo em uma encosta. Chovia sem parar e a estrada, que normalmente era bem ruim, estava um lamaçal. Entre um sacolejo e outro, o pneu furou. PUTA QUE PARIU. Mas pra eles não tinha drama. O que tem de fazer – tirar tudo do porta-malas, tirar o estepe e trocar o pneu? Façamos, pronto. Sem lamentações. "Caceta, definitivamente um pouco de budismo ia me fazer bem." Eu queria alcançar aquele bom humor que eles tinham, saber o que precisava fazer para ser menos estressada.

Mas não foi no meio do mato, à beira da cachoeira, que a conexão se estabeleceu de vez. Na madrugada de uma terça-feira, na Rua Cardeal Arcoverde, no bairro de Pinheiros, em São Paulo, na saída de um show do Ratos de Porão, o Marcelinho me convidou para ir aos "ensinamentos do Dharma", e eu nem entendi o que ele estava falando. Foi a deixa para finalmente me aproximar um pouco mais do budismo – e dele, que também me interessava muitíssimo.

Não fossem essas segundas intenções, talvez eu tivesse faltado ao ensinamento daquela quarta-feira: chovia e descobri, saindo do prédio da TV no Sumaré, que a minha Vespa estava sem freio. Não estava procurando uma religião, só queria ser menos "nervosinha", mas já fui rezando até lá.

Na sala emprestada por uma empresa na Alameda Lorena, os alunos tiravam os móveis, espalhavam almofadas pelo chão e, por duas horas, ouvíamos os ensinamentos da Lama Tsering, aluna americana do Chagdud Rinpoche, o mestre daquela linhagem do budismo tibetano. Naquela primeira vez, entendi e concordei completamente com uma parte do que ela dizia: o sofrimento da impermanência, do apego... "A causa do sofrimento é a mente." Mas também boiei muito, sofri para ficar parada tanto tempo e sentada no chão, e uma hora fiquei com um sono violento. Voltei outras vezes e continuei concordando, boiando e dormindo, mas persisti. Além da lógica e da razão, havia uma empatia, uma afinidade, uma identificação surpreendente, como a que acontece quando você descobre que está apaixonado por alguém.

Comecei a namorar com o Marcelinho e o budismo veio pra dentro de casa. Mas quando ele decidiu passar dez dias com o Marcão em retiro no templo do Rinpoche em Três Coroas, no Rio Grande do Sul, fiquei pasma. DEZ DIAS? Meditando o dia inteiro?? Eu jamais chegaria a esse ponto.

Em outubro daquele ano fui convidada por uma universidade para dar uma palestra em Pelotas e o Marcelinho iria comigo. Ia ser na véspera do feriado e sugeri, toda contente: "Vamos aproveitar e conhecer o seu Templo!" Ele ligou para se informar e voltou contentão: "Demos sorte, nesse fim de semana vai ter retiro de Cem Mil Tsogs!"

Eu quis morrer. Um Tsog já me fazia querer arrancar os joelhos. Meditar durante vinte minutos – era um tormento, eu tinha vontade de sair correndo. A mente não parava, o corpo doía demais da conta, uma impaciência brutal, insuportável, quanto faltava para acabar? "Você não precisa fazer o retiro", ele disse. Mas já que seria uma ocasião única na vida, eu faria. Vamos lá recitar 100 mil vezes o mantra.

Cheguei lá com febre alta, dor de garganta e implicância no grau máximo. Eu via defeito em tudo. Para ser budista tem que se fantasiar de tibetano?, era o que me perguntava ao ver os praticantes com as saias longas cor de vinho. Eu estava menstruada, um frio de lascar e o chuveiro, fraquinho, não esquentava. Caíam gotas de água gelada. O chão era de cimento, e as almofadas fininhas não amenizavam a dureza. Eu fervia de impaciência e raiva. "Como essa mulher fica sentada um tempão e nem se mexe? Vai se foder."

Mas cheguei até o fim, naquele que foi o primeiro mergulho em águas profundas. Na van, na viagem de volta, vim quieta.

Comecei a olhar para minha irritação de outro jeito. Para mim, ser implicante fazia parte da minha personalidade. Me peguei no pulo. A mente é a fonte de todo sofrimento, era o que continuamente ouvia nos ensinamentos, a mente é a responsável por nossas experiências. Prestei atenção em mim mesma. Alguma coisa aconteceu.

Logo depois que voltamos, começou em São Paulo uma série de ensinamentos bem práticos com a Lama Tsering, sobre budismo e convivência no trabalho, relacionamentos, família. Perfeitos para quem não queria ser budista, mas melhorar seu comportamento no dia-a-dia. Pois estes ensinamentos, aliados à recente vivência no retiro, me tocaram profundamente.

No final desse curso, fiz o voto de refúgio. Em uma cerimônia simples, assume-se o compromisso de renunciar a tudo aquilo que faz mal aos outros, de se empenhar em não causar mal algum. Pensei que isso seria impossível, mas me dei conta de que não podia me recusar a prometer que tentaria evitar esse mal a qualquer custo.

Seu complemento é o voto de bodisatva, aquele em que você se compromete a procurar ajudar, a fazer o bem aos outros, de todas as formas ao seu alcance. Fazendo esses dois votos, emocionada e feliz, entrei formalmente no caminho budista. Aos poucos fui descobrindo que superar esses obstáculos – não entender, sentir dor e sono, ficar impaciente – faz parte do processo budista para treinar corpo e mente. E depois, quem diria, fiz vários retiros de dez dias e dois retiros de um mês.

Os ensinamentos contam 84 mil venenos mentais, que se situam dentro de cinco categorias: desejo (ou apego), raiva (ou aversão), orgulho, inveja e ignorância. Essas emoções são típicas de seres sencientes, aqueles que são capazes de perceber ou sentir, que se identificam com um "eu". Os diversos métodos de meditação são antídotos para esses venenos, de modo que se enfraqueçam, dissipem, sejam purificados e sejam reveladas nossas qualidades inatas: amor e compaixão sem limites.

Emoções como a raiva gozam de prestígio em nossa cultura. Quando comecei a frequentar os ensinamentos, achei estranho o objetivo de ficar livre da raiva, que para mim era indissociável de indignação. Mas a visão do budismo é completamente diferente. A raiva é um veneno; é querer mal, ter repulsa ao outro. A indignação pode ser amorosa, e a empatia pela vítima não se torna ódio ao agressor.

Pensei que isso jamais aconteceria comigo, "só funciona para quem nasceu no Tibete e medita desde os 6 anos de idade". Mas hoje, depois de muito ouvir e meditar, consigo sentir compaixão pelo cara que me sacaneou. Rezo com sinceridade pelos que causam sofrimento, para que fiquem livres da confusão horrenda que faz com que pensem que estão certos em praticar atentados e degolar "infiéis". Pensar "desejo que esse celular que ele roubou de mim seja a conexão que vai fazer com que pare de fazer o mal" me trouxe alívio mais de uma vez. Amo as lideranças religiosas que recomendam o mesmo!

Venho praticando o budismo há vinte anos e me perguntam, principalmente lá no Templo Odsal Ling, que frequento aos domingos: "Como você consegue ser budista e estar na política?" Eu NÃO conseguiria estar na política se não fosse budista.

A missão política embasada pelo ideal bodisatva não deve ter expectativa de retribuição, reconhecimento, sucesso. O budismo aniquila nossas ilusões. Aqui é o Samsara. Vivemos no reino da impermanência, da eterna insatisfação. Não vai pensando que vai dar certo. Você precisa aceitar o fato de que é impossível consertar tudo e faz o que faz, faz tudo o que pode, sem achar que só vale a pena se der "resultado". Pode soar clichê e piegas, mas se eu não me esforçasse para praticar isso não aguentaria ser vereadora.

Tem projeto meu que só virou lei por força da minha prática budista... Quando qualquer texto de minha autoria estava vetado por desavenças com a Mesa Diretora, eu tirava meu nome e indicava outro colega como autor. É bom pra cidade e é essa a ideia, mesmo que meu currículo fique prejudicado...

Muitos perguntam se budismo é religião ou filosofia. É um pensamento filosófico, investiga o sentido de todas as coisas, o papel da nossa mente na apreensão da realidade, o próprio conceito de realidade. Mas o ensinamento budista tem o intuito de resultar em mudança da própria mente e da conduta, portanto é um caminho espiritual. Algumas pessoas que não querem seguir uma religião se sentem confortáveis no budismo porque não tem dogmas, as "proibições" (não causar mal a nenhum ser com o corpo, fala e a mente) exigem reflexão e discernimento. E como o intuito é transformar a própria mente e não a dos outros, fazer esforços para converter alguém não faz nenhum sentido. O dalai-lama diz que ninguém precisa ser budista, não precisa sequer ter uma religião, mas tem de ter uma ética no mundo.

Eu me reconciliei com a fé cristã depois que me tornei budista, com a beleza das palavras "ama a teu próximo como a ti mesmo" e "Pai, perdoai-os, eles não sabem o que fazem". O *Livro Tibetano do Viver e do Morrer*, do mestre tibetano Sogyal Rinpoche, traz a oração de São Francisco como modelo do que acreditamos. "Mestre, fazei com que procure mais: perdoar que ser perdoado, compreender que ser compreendido, amar que ser amado".

Pacifiquei muito o veneno da raiva e na política muitas coisas que me tiravam do sério não me derrubam mais, mas o desafio continua. Nos momentos terríveis com o Paulo, tinha vontade de esfregar a cara dele no asfalto. O orgulho diminuiu muito, o apego também. Meu veneno mental mais resistente é a inveja.

Quando participava do *Saia Justa*, fizemos um programa em que cada uma deveria confessar seu grande defeito ("não vale dizer perfeccionismo"). Eu disse inveja, minhas colegas comentaram – puxa, que coragem... É muito difícil admitir a inveja. É um veneno que não parece "bonito". Não tenho inveja de ter um carrão ou corpão – já tive, desejava cintura fina e peitos firmes, nem eu escapei disso. Mas sinto inveja de quem faz retiro no Nepal ou passa um tempo no Tibete. Ou mesmo de quem salta da cama debaixo de chuva e frio para acender lamparinas às 5 da manhã, pensando "como eu não consigo?"

O budismo ensina o antídoto para a inveja: regozijo. Alegrar-se com o outro. "Você se compromete com o fim do sofrimento de todos os seres e, em vez de ficar contente quando alguém está bem, fica ressentido?", provocam os mestres. Então eu treino, começando pelo fácil. Um cachorro deitado ao sol, um gato aconchegado na caixa de papelão dão uma sensação boa, calorosa, a gente se alegra com o conforto deles. O desafio é expandir isso para os humanos.

furo no dique

– Queremos falar dessa história de cara limpa. Sem usar tarja nos olhos das pessoas como se fossem criminosas.

A proposta da repórter era ousada e honesta – eu e a Astrid sempre quisemos fazer um *Barraco MTV* para debater maconha sem hipocrisia. Sem fingir que as pessoas não fumavam. Ou que *nós* não fumávamos. Sem afirmar que a maconha é porta de entrada para drogas mais pesadas, essa baboseira. Dentro de um contexto realista, evitando os estereótipos. Um programa no qual as pessoas assumissem que fumam um baseado quando chegam em casa e ligam a TV, como tomam um vinho. Queríamos tratar da descriminalização de forma civilizada, madura. De cara limpa, como propôs a jornalista da *Época*.

Nunca conseguimos fazer esse programa. Nossos convidados diziam, nos bastidores, que fumavam ou que já haviam fumado e estavam convictos de que o uso de maconha não deveria ser proibido por lei. Quando entrávamos no ar o discurso mudava, eles não se sentiam à vontade para tornar pública aquela experiência, ou ao menos a opinião favorável à descriminalização.

Topei dar a entrevista e, no dia seguinte, conversamos por quase duas horas depois do meu expediente na TV Cultura. Era novembro de 2001, eu apresentava o programa *RG*, voltado para o público jovem da emissora, além de ser comentarista de futebol na ESPN-Brasil, escrever uma coluna na *Folha de S.Paulo* e textos diários para o meu blog. Estar do outro lado do gravador foi tranquilo porque aquela jornalista estava sendo corretíssima, fazendo perguntas sem lançar armadilhas, tentando entender de forma precisa o que eu pensava, quais eram minhas posições sobre o tema espinhoso.

Eu era uma fumante ocasional e, ao contrário de amigos que fumavam todos os dias, nunca comprava maconha – não tinha dinheiro pra isso nem coragem de gastar assim. Mas estava disposta a dizer "Eu fumo e não sou bandida, não sou doente, não sou uma ameaça à sociedade e não sou uma exceção", defendendo a legalização como alternativa mais eficaz para conter o crime organizado, esse sim, um pesadelo social de grandes proporções. Não tinha o menor interesse em contar pra todo mundo que eu fumava maconha, mas se isso era importante para um debate eu falaria.

– Talvez seja matéria de capa – me falou a repórter, no final da entrevista. – Como são muitos os entrevistados e o assunto é quente, há essa possibilidade. Mas sempre pode cair um ministro e derrubar nossa capa.

Não me preocupei com a possibilidade, achei muito razoável. Muitos anos antes a *Veja* tinha feito uma capa com retratos de mulheres que assumiam ter feito aborto, famosas ou não, todas em pé de igualdade. A ideia era exatamente essa: mostrar a prática comum de algo considerado crime e tabu.

Domingo de manhã, sem saber se afinal tinha dado capa ou não, eu estava indo de carro com a minha filha Julia e meus sogros para o aeroporto de Guarulhos, e na marginal ela diz "Olha você ali, mãe". Estranhei. Como ela podia ter enxergado a revista de longe?

Era um *outdoor* com a capa da revista, minha foto em primeiríssimo plano, com um sorriso bobo e a manchete: "Eu fumo maconha". O cartaz ainda trazia uma chamada engraçadinha: "Depoimentos de quem fuma. Sem filtro". E pensar que prometeram um debate sério.

Rezei para os pais do Marcelinho não verem, mas era uma questão de tempo. Nos dias seguintes meu sogro ouviria piadinhas no elevador do prédio, assim como minhas filhas mais velhas, com 15 e 17 anos, seriam zoadas pelos colegas. Acostumadas com a mãe que sempre tiveram, minhas filhas reagiram bem e me defenderam na escola. Já a professora da Julia, que estava com 7 anos, nos chamou na escola porque ela estava dizendo com a maior inocência "minha mãe fuma maconha" para os amiguinhos. Enfim, naquele domingo em família vivíamos apenas o início da tormenta.

Quando consegui ler a matéria, fiquei mais tranquila quanto a declarações minhas que poderiam ter sido deturpadas. A repórter, cuidadosa e atenta como tinha sido durante a conversa, foi fiel ao que eu disse. Mas a capa... Embaixo da foto em que eu e outros três entrevistados – o cartunista Angeli, o advogado Rogerio Rocco e o produtor Beto Lago – dizíamos "Eu fumo maconha", a provocação final: "Um número cada vez maior de brasileiros ignora a lei". É como se disséssemos "eu fumo e foda-se".

Cheguei para trabalhar na segunda-feira morrendo de vergonha. Sabe quando você sonha que está nu? Era a mesma sensação, passar pelas pessoas e tentar fingir que não estou pelada, enquanto elas fingem que não reparam que estou sem roupa da cintura pra baixo. Eu estava sem jeito e todos os outros também, sem saber se tiravam um sarro, baixavam os olhos ou davam condolências.

O diretor do nosso núcleo, Walter Carvalho, mandou me chamar assim que soube que eu tinha chegado. Imaginava que ele ia me dar um esporro, mas que poderíamos desfazer o mal-entendido quando eu explicasse a deturpação cometida pela revista.

Quatro ou cinco pessoas me esperavam em volta da mesa. Clima pesado, pior do que eu esperava. Com a *Época* na mão, o Walter bradava, furioso:

— Que história é essa? Você disse isso? Que fuma maconha?

— Sim, eu disse isso. Mas tiraram de contexto, a revista me procurou querendo fazer um debate sem sensacionalismo, mas eles não cumpriram com a parte deles, eu...

— Então você <u>disse</u> isso. Não podemos dizer que eles inventaram.

Não, eu não ia dizer que a repórter tinha inventado, porque não tinha. Não me arrependia. Alguém tinha de se expor. Muitos debates difíceis tinham começado com uma pessoa que se dispôs a aguentar o tranco. Se eu ficava torcendo para que alguém dissesse, então eu tinha de dizer. Queria assumir uma opinião que era de muitos, uma luta que precisava sair do armário, a favor da legalização do comércio, contra a criminalização dos usuários.

— Assim sendo, não dá para você continuar trabalhando aqui.

Eles já tinham a rescisão de contrato pronta para ser assinada. Minha mão tremia e eu tentava disfarçar o nó na garganta. A única chance de ficar teria sido fazer um desmentido.

— E o *RG*, quem vai fazer? O programa entra no ar daqui a duas horas, mas dá pra desmarcar os convidados e usar algum dos gravados para uma emergência...

– O *RG* sai do ar hoje.

O PROGRAMA ia acabar. Então além da emissora achar que eu poderia ser um perigo para a juventude, um programa inteiro, diário, ao vivo, produzido por uma equipe excelente, com matérias em andamento – tudo seria jogado no lixo?

São Paulo, 19 de novembro de 2001.

À
MARANGATÚ SERVIÇOS DE PRODUÇÃO S/C LTDA.-ME
Rua Professor João Arruda, 176
São Paulo – SP

Comunicamos que esta Fundação resolveu rescindir o contrato de prestação de serviços especializados e de cessão de direitos de participação em obra artística e outras avenças, celebrado em 4 de julho de 2000, tendo por objeto serviços a serem prestados com o concurso da anuente, SONIA FRANCINE GASPAR MARMO, tendo em vista entrevista concedida pela ANUENTE à Revista ÉPOCA desta semana ("Eu Fumo Maconha"), o que caracteriza conduta incompatível com a série de programas para jovens, intitulada "RG", objeto do referido contrato, e com as finalidades desta Instituição.

WALTER SILVEIRA
DIRETOR DE PROGRAMAÇÃO

Em vez de me obrigar a explicar ao vivo o que queria e o que não queria dizer aquela capa, esclarecendo que minhas declarações não consistiam numa apologia ao uso, a direção da Cultura preferia que o público continuasse pensando que eu estava incentivando os jovens a fumar maconha, desde que não sobrasse para a Fundação Padre Anchieta.

A redação ficou perplexa. Ninguém tinha nada a ver com a minha declaração, mas o programa acabou para todos eles. Às 4 da tarde, em vez do programa, subiu o slide comunicando que a TV Cultura não poderia ter em seus quadros uma pessoa que confessava ter infringido a lei e que o programa *RG* sairia do ar a partir daquela data.

Daquele comunicado em diante, minha vida passou a girar em torno de maconha por duas semanas, 18 horas por dia. Eram entrevistas por telefone desde as 6 da manhã, inclusive para um jornal do Japão. Rádios, TVs, revistas, jornais e portais de notícias de tudo quanto é tipo de público queriam esclarecer a capa fatídica e minha opinião sobre maconha. A lista incluiu o *Fala que Eu Te Escuto*, *Fantástico*, Ratinho e um programa da Polícia Militar na Rede Vida. Estive na Alerj, a convite do Carlos Minc, para debater com o Bolsonaro; um juiz do Mato Grosso enviou carta precatória (eu nem sabia o que era isso) para que eu respondesse pelo crime de apologia em Cuiabá.

Uma onda de solidariedade trouxe um conforto inestimável naquele momento em que tantos detinham uma opinião não muito favorável a meu respeito. O Frejat fez um show aquela noite e dedicou o espetáculo a mim; quase caí dura quando a Marina Lima ligou para minha casa e disse que estava do meu lado para o que desse e viesse. Autores insuspeitos escreveram artigos e colunas em defesa da minha posição ou, no caso do Claudio Lembo, doutor em Direito e reitor do Mackenzie, do direito de expressar minha opinião.

Outros desdobramentos também foram importantes. No programa *Observatório da Imprensa*, ironicamente gravado em um estúdio cedido pela própria TV Cultura, um dos participantes, escalado pela emissora para defender a demissão, afirmou que eu tinha confessado um crime e isso não poderia ser ignorado. O outro debatedor, que era nada menos que o Marcio Thomaz Bastos, saiu em minha defesa, garantindo: fumar não é crime. Meu oponente, apoplético, contestou o criminalista, "como assim não é crime??" Com o Código Penal nas mãos, ele respondia, tranquilamente: portar, vender, estocar, distribuir é crime – usar, consumir, não é crime.

Na MTV, as reações foram diversas. No mesmo dia em que fui mandada embora, o Edgar Piccoli perguntou, em uma reunião, o que aconteceria se um dos VJs tivesse feito a mesma declaração, e ficou desapontado com a resposta "não sabemos qual seria nossa reação". O Marcos Mion, preocupado com meu futuro, disse que eu não devia ter feito isso e para pensar melhor da próxima vez, senão não conseguiria trabalhar mais em canal nenhum. Já a Marina Person disse "é isso aí, Soninha, é a sua cara, estou do seu lado. E você não vai querer trabalhar em um canal que não queira trabalhar com você".

A primeira de todas as entrevistas foi para a Lilian Witte Fibe, ao vivo no Portal Terra, que ligou para a TV assim que a demissão foi informada. Tivemos uma boa conversa. No final ela perguntou: "E agora, vai fumar um para relaxar?" Não me abalei, respondi (que não!), mas o pessoal que me ajudava a empacotar a mudança ficou indignado.

A Astrid já tinha telefonado de manhã, antes mesmo de eu ser demitida.

– Soninha, não acredito que você fez isso! Não é assim que a gente vai ganhar essa briga, vão te desmoralizar! Vem amanhã no meu programa, precisamos fazer com que as pessoas entendam o que você quis dizer.

O que permitiu minha ida na terça foi a própria demissão... Astrid era então a apresentadora de um programa vespertino na Bandeirantes. Para fazer o contraponto à defensora da descriminalização e supostamente equilibrar o debate, sobretudo no horário dedicado tradicionalmente às mulheres, a produção convidou o radialista Afanasio Jazadji, que representava o oposto de tudo que penso e tem o perfil que agradaria um eleitor do Bolsonaro.

Ele disse que eu fazia apologia ao crime, eu disse que era minha opinião sobre uma lei. E comparei: quem defende a pena de morte faz apologia ao homicídio? Dizer "bandido bom é bandido morto" pode?

Pensei que era ele mesmo quem tinha dito, condizia com seu discurso, mas o autor era o delegado Sivuca, ex-deputado no Rio de Janeiro. Foi a deixa para que ele se levantasse do sofá e viesse pra cima de mim aos berros:

– Maconheira! Mentirosa! Você é uma ameaça às nossas famílias!

Em casa, Marcelinho ficou apavorado e indignado ao ver o sujeito de dedo em riste gritando comigo. Como a Astrid te colocou numa roubada daquelas, perguntou. Mas eu sabia que não havia sido premeditado, ela foi obrigada. E não era o fim do mundo. Fim do mundo é a guerra do tráfico, não os meus problemas por causa de uma entrevista.

As repórteres que escreveram a matéria me procuraram, pasmas com suas consequências – mas eu não as responsabilizei em nada pelo acontecido, já que a decisão final sobre o título e a imagem da capa é do editor da revista. Capaz de compreender melhor a prática jornalística, o diretor da ESPN, José Trajano, me deu uma semana de folga logo depois da publicação, sabendo da enxurrada de solicitações que veio a seguir, e quando cheguei na emissora para trabalhar me chamou em sua sala:

– Que loucura, hein? Olha no que deu, você dar uma entrevista assim.

Na mesa dele, duas pilhas de papéis, cópias de mensagens enviadas pela internet e por fax.

– Recebemos esse monte de mensagem aqui, defendendo você, pedindo que a ESPN não demita, não faça a mesma cachorrada que a Cultura fez... E essa outra pilha aqui, afirmando que, se nós não a demitirmos, vão cancelar a assinatura do canal.

Eu já esperando pelo pior, quando ele apontou para as mensagens que pediam minha cabeça:

– Pois bem, perdemos isso tudo aqui de assinantes.

Nos meses que se seguiram à entrevista, chegavam mensagens de ódio por cartas ou telefonemas, para mim ou para as empresas onde eu trabalhava, contendo ameaças ou rogando pragas inacreditáveis, na linha "Tomara que as filhas morram drogadas como a mãe, para que ela entenda o mal que está causando"!

Naquele final de ano, se algo valeria a pena, foi o fato da legalização da maconha ter sido tema de redação em mais de um vestibular, assim como a ética na mídia, tanto do ponto de vista da edição da capa quanto da postura da TV Cultura. Saber que a entrevista não tivera apenas consequências desastrosas, ter a convicção de que contribuí para o debate, sem cinismo, e de que nem todas as pessoas do mundo achavam que eu era uma débil mental... foi um alento.

É uma sensação doída, tanto tempo depois as pessoas ainda não entenderem o que eu disse e por quê. Até hoje, quando direita ou esquerda, bolsonaristas ou lulistas, neoliberais ou comunistas condenam algum tuíte meu, viro "a maconhei-ra" outra vez.

No Carnaval do ano seguinte à publicação da matéria, em 2002, no Rio, eu encontraria Paulo Moreira Leite, o editor da *Época*, no camarote da Brahma, onde eu estava trabalhando como repórter. Foi ele que veio falar comigo (eu não sabia nem quem era, na verdade)

– Então você está querendo me processar?

– Claro, vocês descumpriram o combinado... Os entre-vistados trataram o assunto de forma honesta, mas o marketing da revista foi escandaloso, a capa da revista foi irresponsável...

– Ah, você quer editar a MINHA capa?

– É a MINHA CARA!

– Você quer censurar meu trabalho? Então você e o Maluf são a mesma coisa. Você é a favor da censura.

Com um nó na garganta e medo de cair no choro de tan-ta raiva, me senti aliviada com a chegada do Zeca Camargo, que me tirou da história, e me abraçando levou para longe:

– Melhor não ligar... Não dê conversa para esse cara.

Pior foi ter perdido a ação contra a revista, num proces-so que de fato não era minha vontade assumir – mas resolvi me engajar com o Angeli, que ficara enfurecido com o tratamento que a *Época* deu ao assunto. Anos depois, em tempos de dureza absoluta, ainda tive de ressarcir os advogados da Editora Globo.

Mesmo quando eu estava atônita com a incompreensão, a crueldade, a injustiça... não me sentia vítima ou me arrepen-dia pelo que tinha dito. Sabia que era uma questão de tempo. Fomos beneficiários de alguma atitude escandalosa de alguém, tempos atrás, antes de nós. Essa certeza era o meu consolo. Como ao lembrar da Leila Diniz, por exemplo, da sua coragem, usando o biquíni na praia mesmo com a barriga grávida, e as-sim abrindo caminho para que milhares de outras fizessem o mesmo depois sem serem "polêmicas".

Alguém sempre vai andando assim, dando um passo à frente, contra a hipocrisia reinante – como um furo no dique, para que a discussão avance.

Fiz um retiro de mais de trinta dias no templo em Três Coroas, no Rio Grande do Sul, muito puxado. Exigia preparação, várias etapas de treinamento a cumprir. Percebi o quanto era difícil manter minha mente quieta... Pensei que, se o meu objetivo era trazer minha mente de volta pra casa, sem aumentar aquela confusão – mano, tinha que parar de fumar. A partir de 2003, não fumei mais.

E eu abomino o império do tráfico na favela, uma violência que continua a existir num sistema em que a droga ainda não é legalizada. Não iria mais fumar também porque não queria mais qualquer conexão com o mundo do tráfico.

Continuo gostando do cheiro de maconha, mas não tenho vontade de fumar. Também gosto do cheiro de frango a passarinho, mas não penso em comer desde que me tornei vegetariana. Não é uma questão moral. São escolhas éticas, religiosas e políticas.

Hoje me sinto mais capaz de lidar com a impaciência, a inquietude – o que é resultado da minha persistência em meditar e dos ensinamentos dos meus mestres. Não atribuo a melhora na concentração ao fato de ter parado de fumar, mas continuar fumando não teria ajudado.

Quanto à legalização, não mudei um milímetro minha convicção. Aliás, tenho mais clara a concepção de que deve haver regras para a produção e comércio pelo setor privado e fiscalização por parte do Estado, como em outras atividades econômicas. E pelo amor de Deus, autorizar de uma vez o uso de *cannabis* para fins medicinais, é uma pouca-vergonha que ainda haja debates polêmicos sobre isso.

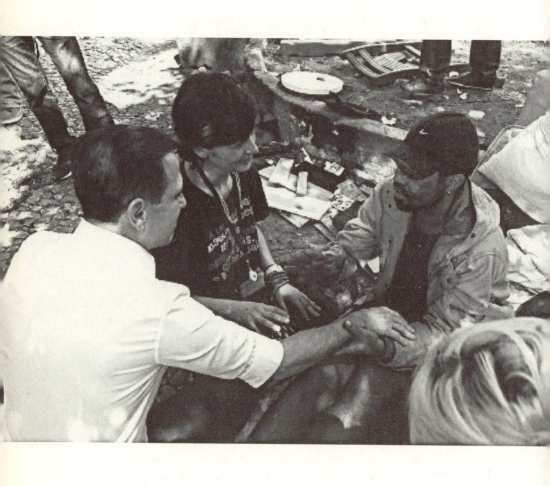

toda alegria passa

Não conhecia pessoalmente o Doria quando estive em sua casa pela primeira vez. Era final de 2005 e naquele período eu acompanhava de perto o dilema torturante do Serra, que não estava muito disposto a enfrentar nova campanha presidencial, ao mesmo tempo em que via seu nome aparecer bem nas pesquisas de intenção de voto e era incentivado por muita gente a se candidatar. Para muitos, no entanto, era a vez do Alckmin concorrer pelo PSDB, e estes preferiam que Serra ficasse como prefeito ou disputasse o governo do estado. Muitas águas ainda iriam rolar e, se antes eu jamais tinha imaginado o quanto me aproximaria do Serra, muito menos do proprietário daquela mansão no Jardim Europa.

Foi Luana Piovani quem me convidou para integrar o time de jornalistas, artistas e políticos que iriam participar de um jogo de futebol beneficente na casa dele. Entrei e fiquei embasbacada. Mano, o que alguém produzia para ter tanto dinheiro? A entrada de carro já era gigante; depois dela vinham uma baita casa, campo de futebol, quadra de tênis, piscina e vestiários maiores e mais bonitos do que os que eu tinha visto em qualquer academia.

O evento nada teria de partidário, mas antes do jogo teve um discurso do Doria, encerrado com uma exaltada convocação: "Geraldo Alckmin, futuro presidente do Brasil"! Eu, serrista que só, achei mais um motivo para não ir com a cara dele (e olha que tenho relação amistosa e calorosa com o Alckmin, um caso raro de alguém que se entende bem com os dois rs).

Só dez anos depois voltaria a encontrar João Doria, logo depois de ele disputar as prévias do PSDB para a Prefeitura de São Paulo. O partido não contava com um nome "na ponta dos cascos", embora na fila de candidatos se destacasse o aguerrido Andrea Matarazzo, muito experiente, profundo conhecedor da cidade e da máquina tosca da Prefeitura. Tinha sido meu "chefe" quando fui subprefeita da Lapa e me surpreendi com o quanto se envolvia com o dia a dia daquela insanidade. Imaginava que ele fazia jus ao apelido de "conde", sendo mais responsável pelas relações públicas e institucionais do que pela execução das tarefas, mas descobri que era o "industrial", um homem de paixão pelo trabalho e seus resultados. Ele lutava por nós, a ponto de brigar com outros secretários para exigir melhores condições.

Eu estava em um evento da Coordenação de Políticas para a Diversidade Sexual do estado, onde trabalhei por alguns meses, quando soube da vitória do Doria nas prévias. Lembro de uma tucana que ficou revoltada: "Por que o PSDB escolheu justo o candidato que é o mais coxinha? Porque acham que não vão ganhar mesmo, então tanto faz?" Eu também não conseguia acreditar que o empresário e apresentador de TV tivesse a menor chance de emplacar.

O PPS, a essa altura, estava sem candidato. Tínhamos decidido que seria Ricardo Young, porque ele mesmo tinha pleiteado. Surpreendentemente, ele se transferiu para a Rede Sustentabilidade, o que estava previsto para acontecer apenas no final de seu mandato como vereador, para disputar a eleição por lá.

Embora muitos no partido estivessem bastante decepcionados com sua movimentação, ele foi um dos convidados para ser "sabatinado" na sede do Diretório Municipal para que decidíssemos quem teria nosso apoio. O Andrea estaria na lista, mas a essa altura já seria o vice da Marta, então apenas ela e Doria completaram as entrevistas programadas.

Doria foi o segundo e compareceu ao nosso "suntuoso" diretório (#sqn) com boa vontade e segurança, tranquilamente disposto a convencer aquela plateia de vinte ou trinta pessoas. Eu só fui porque estar ausente seria falta de educação; o presidente do partido sabia que ele era minha última opção. Pretendia ficar na plateia, disfarçadamente contrariada, mas me chamaram para participar da mesa e eu não pude me esconder.

Para meu espanto e desgosto, Doria me surpreendeu positivamente. Eu me incomodava com a história de se gabar de não ser político, mas ele foi convincente quando disse: "Eu respeito a política. Meu pai foi deputado cassado pela ditadura. Cresci acompanhando Franco Montoro, Mario Covas e tenho muita admiração por Geraldo Alckmin, um homem corretíssimo. Mas eu não sou político, sou empresário, essa é que é a verdade. Sou um gestor".

Mais que isso, demonstrou conhecimento do "fundão" da cidade – já havia percorrido 96 distritos e falava com paixão dos absurdos que tinha visto em "uma cidade tão rica, em pleno século XXI", como os córregos fétidos com pessoas morando em cima. Não fez discurso; respondeu às perguntas com embasamento técnico, criticou a estupidez da máquina pública e, ao contrário do que eu imaginava, não teve postura pedante ou superior.

Precisei sair antes do encerramento, mas deixei um bilhete que era uma penitência secreta para minha má vontade: "Parabéns, boa sorte". Ele depois ligou para agradecer.

Gostei da apresentação da Marta também, que até ali era minha favorita. Mas ela, junto com o amor pela cidade, também mostrou certo desânimo... O PMDB era forte em Brasília, mas em São Paulo estava desestruturado demais para disputar uma campanha como aquela (não foi o que ela disse, mas o que pudemos entender).

O PPS confirmou apoio ao Doria e, ao iniciarmos oficialmente a campanha, fiz questão de registrar publicamente a resistência inicial e a virada: "Se você ganhar o voto de todo mundo como ganhou o meu... está eleito". Fiquei preocupada, claro, com a reação negativa que uma parte de meus eleitores, ligada a causas mais progressistas, poderia ter. Eu também teria. Mas ele tinha me convencido e a partir dali faria questão de dar minha contribuição para o programa de governo.

Organizei um evento voltado para a plataforma LGBT meio na correria, que acabou reunindo pouca gente (o PPS não é exatamente um partido de massas, ainda bem que a Diversidade Tucana também estava lá). Doria compareceu e não fez nenhum sinal de contrariedade (candidatos têm agendas disputadas e normalmente ficam aborrecidos quando encontram uma plateia diminuta). Expus a longa e honrada história do PSDB no reconhecimento e garantia de direitos de homossexuais e transexuais, caso ele se sentisse inseguro, mas nem precisava. Ouviu cada expositor com atenção sincera e se comprometeu a defender nossas bandeiras LGBT, feministas, de diversidade racial e religiosa.

Não estava na minha agenda acompanhá-lo o tempo todo durante a campanha, mas participei de alguns eventos. Uma manhã estive com a comitiva no Hospital Pérola Byington, referência em Saúde da Mulher. Na praça em frente havia alguns moradores de rua e me deu o estalo de convidar o Doria para conversar com eles. Ele topou na mesma hora, para surpresa do seu time de assessores, que ficaram perplexos ao vê-lo atravessar a rua e seguir comigo em direção à maloca:

– O senhor tem um compromisso agora no Hyatt e já estamos atrasados!

Fiquei lisonjeada com sua disposição e confiança, e contente com o desprendimento com que se apresentou àquelas pessoas. Doria se abaixou para conversar, o que acendeu uma luz verde na minha cabeça – e era o que eu esperava. Ele demonstrou simpatia, sensibilidade, tocava as pessoas enquanto conversava. Garantiu que encontrar abrigo e proporcionar emprego para os que viviam nas ruas da cidade seria uma prioridade em seu governo. Foram dez minutos intensos, sem alvoroço, com respeito.

Estávamos os dois abaixados conversando com um dos homens quando ele olhou seriamente pra mim e se arriscou a dizer ali, onde alguém mais poderia ouvir:

– Eu vou ser prefeito, e você vai trabalhar comigo.

Logo depois das eleições que ele venceria surpreendentemente no primeiro turno, em outubro de 2016, começaram a sair notas na imprensa, antecipando os nomes escolhidos pelo novo prefeito para as secretarias municipais. Muitas me incluíam, mas eu negava com toda a convicção e sinceridade. Também tinha sido eleita e estava feliz demais com a perspectiva de assumir um novo mandato como vereadora. Até jurei na CBN que não seria secretária, observando que era meio pretensioso recusar algo que nem tinha sido oferecido.

Mas chegou o convite para um café, e eu engoli em seco. Sabia que seria aquela hora chata de ouvir um pedido e dizer não. Eu não queria "esnobar" nem trair a confiança explicitada naquelas palavras no chão da praça. Meus amigos mais próximos, que vinham acompanhando as sondagens dos jornalistas, também desconfiaram do que aconteceria e deram a maior força: "Se você não quer, diga não e pronto. Ele tem que estar preparado pra isso; muitas pessoas serão convidadas e não vão aceitar. É normal".

Quando entrei em seu escritório lindo na Faria Lima, tinha certeza de que não aceitaria o convite e logo o desconforto ia passar.

– Você deve saber por que eu te chamei aqui – foi como ele iniciou nossa conversa. – Tenho lido o que vem sendo noticiado pelos jornais, entendo seus argumentos, sua vontade de exercer o mandato na Câmara... Mas trabalhando comigo você terá condições para executar, realizar. O problema é dinheiro? Eu trago, eu consigo recursos. A iniciativa privada tem de ajudar a cidade e eu vou pedir. Tenho essa obsessão, Sonia, de tirar as pessoas das ruas e gerar trabalho. Vamos mudar essa situação e transformar a vida delas.

Consegui dizer não, mas ele não se deu por vencido.

– Não quero que você me responda agora. De quanto tempo você precisa?

Era sábado e deixei o prédio completamente zonza. Mandei uma mensagem pra Lylian Concellos, minha melhor amiga, que tinha sido por anos minha assessora:

– Balancei.

Ela reagiu incrédula pelo zap, me ligou na hora. Sentei na escada do banco em frente ao Shopping Iguatemi e lá fiquei um bom tempo. Então estava cogitando aceitar trabalhar com o novo prefeito? Praticamente traindo meus amigos que tinham me dado uma força para dizer não?

Andei quilômetros, a avenida inteira, subi a Teodoro Sampaio até quase o fim. Já era fim de tarde, um queijo quente na padaria ajudaria a assentar os ventos da mente. Liguei para o Cesar Hernandes, o Cesinha, também grande parceiro de campanhas políticas. Pensa bem no que isso significa, me dizia, atuar como secretária de Assistência Social junto ao Doria... E a área é a maior bucha, você nunca vai dar conta de tudo, muita coisa vai sair errado e é você quem vai tomar pau...

Isso era o de menos. Não seria motivo para me deter. Eu argumentava que, finalmente, mais que o poder de influenciar, teria condições para decidir e executar. Poderíamos fazer as mudanças, agir de forma concreta na realidade, e não apenas na esfera dos debates...

No domingo à noite mandei um whatsapp para o Doria:

– Pensando, pensando, pensando...

Segundos depois ele respondeu:

– Aceitando, aceitando, aceitando...

Os amigos mais próximos não concordaram com minha decisão, assim como parte dos militantes do PPS, com quem me reuni na semana seguinte. Para eles, todos que votaram em Soninha Francine para vereadora, e foram 40 mil votos, esperavam que eu atuasse no Legislativo. Uma das assessoras até chorou, decepcionada, mas a maioria acabou por entender que eu deveria ir, e alguns estavam até mais seguros do que eu. No fim até a "chorona" foi comigo.

Doria foi montando um secretariado com nomes respeitáveis, confirmando a impressão que eu tivera dele e de seus propósitos. Eu conhecia bem o Sergio Avelleda, convidado para a Secretaria de Transportes, depois de uma atuação esplêndida na presidência da Companhia Paulista de Trens Metropolitanos no governo do Serra. Era um cara que ia trabalhar de trem, ouvia os passageiros, os funcionários e os ativistas. Melhorou demais as linhas mais capengas, substituiu trens horrorosos por carros novos com ar-condicionado, reformou estações que ficaram ótimas, fez bicicletários e ciclovias. O Fernando Chucre, que iria para a Habitação, também fez um ótimo trabalho no governo do estado.

Vibrei com a indicação do Alexandre Schneider, que tinha trabalhado com Serra e Kassab, para a Secretaria de Educação. O Wilson Poit eu não conhecia, mas tinha trabalhado na gestão Haddad com um amigo meu que falava muito bem dele. A Heloisa Arruda, outra desconhecida para mim, tinha ótimas referências e me impressionou logo. E por aí foi. Daniel Annenberg na Inovação e Tecnologia, André Sturm na Cultura, tiveram passagem brilhante pelo governo Alckmin. Vieram o Natalini, comunista "verde" velho de guerra, e a Patricia Bezerra, evangélica progressista e aguerrida, esposa de um ex-vereador com quem eu tinha me dado muito bem. Ele estava convidando as pessoas segundo critérios de competência, por seu mérito, independentemente do partido ou "grupo" de cada um.

As reuniões com os futuros secretários começaram logo e foram vários os encontros no escritório da Faria Lima. Havia grupos pequenos, temáticos, e também reuniões gerais, em que discutíamos cuidadosamente as questões mais complexas e diversas da cidade. Era um tesão. Eu vinha com ideias sonhadas há anos e descobria que o prefeito também as tinha. Eram coisas simples e práticas, como banheiros em trailers nas feiras livres, ou modernas e honestas como substituir carros oficiais por táxis ou aplicativos.

Eu não acreditava que estava fazendo parte daquilo, tomando decisões para a cidade de São Paulo junto com um time de secretários tão qualificados, todos igualmente radiantes, curtindo aquela equipe que se formava. Depois vieram adjuntos de quem eu gostava muito, como o Daniel de Bonis, um gênio, e a Dani Castro, que tinha sido minha assessora! Eu estava tremendamente feliz.

O prefeito nos escutava e revia as determinações originais. Gostaria de voltar a velocidade das Marginais para os limites anteriores no segundo dia de governo, como tinha prometido em campanha, mas foi convencido pelo Avelleda de que não é assim que se faz... Ouviu argumentos de vários técnicos e acatou todas as observações sobre sinalização, geometria, operação. Mudou de planos porque compreendeu e confiou nas pessoas que tinha escolhido. Parecia que eu estava de volta à faculdade, com a expectativa palpitante de quem começa uma fase nova de seus planos para a vida.

Eu também precisava montar a minha equipe, e logo. Um grupo com cerca de dez pessoas que deveria estar coeso e apaixonado, disposto a trabalhar muito e ganhar pouco. Os salários no Executivo são indecentes; assessores parlamentares ganham mais que ocupantes de cargos de responsabilidade gigante no governo. Perguntei ao prefeito se poderia escolher o secretário-adjunto e o chefe de Gabinete, os dois cargos principais da equipe. "Apenas um dos dois. Não só você, todos os secretários".

Antes de eu saber que ele seria o indicado para adjunto, conheci Filipe Sabará, a pedido do próprio Doria. Um empresário jovem hiperbem-sucedido, com atuação intensa na área da filantropia, que viria a deixar o comando das empresas de sua família para trabalhar na Assistência Social.

Gostei demais do Filipe no primeiro encontro. Sua família era proprietária de uma indústria do setor de cosméticos e ele falava com paixão fervorosa do que tinham feito em comunidades ribeirinhas da Amazônia, trabalhando com os moradores na restauração ambiental. Achei magnífico! Eu fiquei numa alegria doida de conhecer alguém que tinha muita grana e uma visão como aquela, que fazia planos para os moradores de rua parecidos com os meus e falava em permacultura, bioconstrução, hortas orgânicas.

Assim como o Doria, ele também vinha "do alto" mas tinha noção do chão. Sua ONG tinha projetos em que voluntários simplesmente escutavam moradores de rua – uma das coisas mais valiosas que se pode fazer por eles. Também atuavam em albergues da Prefeitura, o que para mim servia de garantia de que não estava superestimando o ponto de partida de nosso trabalho.

Mas naquele café já tivemos nossa primeira divergência, em relação a um projeto espetacular de recuperação de drogadição desenvolvido na Itália, em San Patrigniano, que ele gostaria de implantar na cidade. Era um programa muito intensivo, longo e de alta exigência. Observei que não é todo mundo que tem estrutura para fazer parte disso.

– Tem uma triagem – respondeu.

– E quem não passar na triagem?

Não havia uma resposta convincente para a pergunta. Organização não governamental pode escolher seu público, mas prefeitura não. Política pública é pra todo mundo. Ele tem lá o projeto dele, muito bom para algumas pessoas, mas eu preciso atender todos os que não passarem na sua triagem.

Como eu podia imaginar que o "projeto dele" teria obrigatoriamente de ser o meu também? Quando soube que seria o adjunto, embora surpresa (e levemente decepcionada por ter imaginado que o PSDB indicaria outra pessoa, a Gleuda), fiquei contente. Imaginei que seria uma dupla que se complementaria.

Nas etapas seguintes, as arestas foram aparecendo aos poucos. Foi duro montar a equipe com ele, que apresentava mais nomes do que era possível encaixar na lista de cargos que deveriam ser de minha confiança. Filipe queria escolher o coordenador-geral de Administração, por exemplo, e eu já tinha pensado num com muita experiência na área pública, embora o salário disponível para o cargo fosse pequeno. Sua resposta veio rápida:

– Dinheiro não é problema! A pessoa que eu quero indicar é rica, vem por amor, quer trabalhar para o bem público!

Ele teimava, insista em nomes para postos que eu já tinha dito que estavam preenchidos. Estava ficando difícil. Decidiu fazer uma festa de fim de ano, financiada por ele mesmo, para os antigos funcionários. Fui contra: vamos oferecer festa pra pessoas que a gente vai mandar embora? Parecia de uma insensibilidade estúpida. Ele insistiu, disse que o evento iria promover uma superintegração, quebrar resistências. Deu tudo certo, foi uma festa simpática no terraço da secretaria. No final do evento eu admiti minha derrota e o cumprimentei pela iniciativa.

Queria contornar os desacertos, suportar os incidentes de percurso, seguir em frente. Mas fui ficando irritada com ele muito antes da posse, e só piorava. Vivíamos em mundos que não se conectavam, tínhamos divergências cada vez maiores e ele me ouvia cada vez menos. Não estava interessado no que eu dizia e deixava isso claro para qualquer audiência.

Na reunião em que me apresentou Amanda Soldani, uma garota ótima que ia trabalhar na secretaria, tivemos uma discussão sobre a matricialidade da Assistência Social. Para o Filipe, começa na rua, mas tentei fazê-lo entender que a célula *mater* da Assistência Social está na família, no domicílio. "Mas as casas estão na rua, então a rua é o ponto de partida". Coisa de doido. É como se falássemos idiomas diferentes com um tradutor ruim.

No meio da discussão ele disse que precisava sair, e acabei descobrindo que ele faz isso com frequência. Todas as tentativas de conversa com o Filipe foram infrutíferas. Falava sem parar e na minha vez me interrompia, não deixava concluir um raciocínio ou uma frase, e sempre precisava sair antes de terminar porque tinha algum "compromisso importante".

Foi ficando claro, cristalino, que eu não conseguia me impor como autoridade superior a ele. Filipe tinha obsessão por reproduzir o tal modelo italiano de recuperação de população de rua, e apresentou dois projetos que logo encantaram o prefeito: Espaço Vida e, depois de um tempo, Trabalho Novo. Nos slides projetados, as promessas de retirar as pessoas da rua e gerar milhares de emprego em pouco tempo eram entusiasmantes. Em um ano, vamos empregar 20 mil moradores de rua, era o que ele afirmava.

— Esse não é um prazo viável, Filipe, nem que existissem 20 mil vagas de emprego disponíveis só para essas pessoas.

— Se a gente acreditar, se a gente quiser, consegue. É uma questão de querer. Doria vai mudar essa realidade, ele conta comigo, e eu vou conseguir. Foi Deus que o colocou nesse lugar e estou aqui para ajudá-lo.

— Não vamos divulgar uma promessa que não é possível de ser cumprida, Filipe. É cruel gerar uma expectativa nessas pessoas. Você precisa confiar em mim, acreditar no que eu digo.

— Claro que eu confio, você é uma referência pra mim.

E continuava a repetir os mesmos planos infalíveis. Uma conversa espiral, era de enlouquecer. Entrei no labirinto até que concluí, entendi: perdi. Perdi. Não sou eu quem vai ficar. Se algum de nós dois tiver que rodar, serei eu.

Filipe era o único adjunto que participava das reuniões gerais dos secretários com o prefeito. Eu mesma convidava, porque o Doria, nos dez minutos destinados à Secretaria de Assistência Social, só queria ter notícias dos projetos que o Filipe tocava – os tais Espaço Vida e Trabalho Novo, sobre os quais não me fornecia informação alguma, mesmo que eu pedisse. Ele chegava a me afrontar no grupo do whatsapp, "na frente" de todo mundo.

Certa de que a verdade iria prevalecer, eu não via problema na presença do Filipe e nas suas apresentações turbinadas sobre todos os empregos que iríamos criar e os milhares de pessoas que poderíamos tirar da rua em pouco tempo. Se era ele quem prometia, então ele que apresentasse os planos – e fosse cobrado depois. Muitas vezes alertei que aqueles números estavam errados, que não poderíamos prometer tamanha mudança em tão pouco tempo, ainda que contando com parcerias junto a empresas privadas.

Eu tentava avisar o prefeito sobre os altos riscos ou a impossibilidade de cumprirmos as metas. Mas nas reuniões com convidados, eventos e coletivas de imprensa, o prefeito anunciava os números que Filipe apresentara. Não tinha como evitar que os atritos transbordassem e acabassem se tornando cada vez mais visíveis.

Acreditando ser apenas uma questão de ajuste, Fernando Alves, consultor trazido por Filipe para o Trabalho Novo, sugeriu sairmos para jantar, abrir um vinho e, quem sabe, o coração. Eu não queria ir porque preferia ir para casa dormir; Filipe não queria ir porque tinha outro compromisso. O Fernando insistiu e jantamos os três – mas não mudou nada, apesar de ele achar que tinha feito toda a diferença do mundo.

Conversei com o secretário de Governo, Julio Semeghini, que já havia percebido que a relação com meu adjunto ia de mal a pior. Sugeri que o Filipe passasse a ocupar um outro cargo, se tornasse um assessor especial do prefeito, cuidando exclusivamente dos dois projetos que o Doria considerava os mais importantes. Achei que seria perfeito para os três, mas ficou nisso.

Eu estava dando murro em ponta de faca, mas não ia pedir demissão, não ia abandonar a guerra. A meditação me ajudava a criar maneiras de sobreviver no cotidiano. Para cada obstáculo, uma estratégia – esse eu vou pular, aquele vou contornar, chamar o guincho, mudar de caminho, deixar quieto ali... Vou me concentrar no trabalho que precisa ser feito, era o que me repetia. O.k., que o Filipe cuidasse dos projetos midiáticos, e só deles. Que ficasse para mim o resto – e o resto era um Everest. Eu suportaria e lutaria até o último segundo.

Estávamos com um déficit mensal de milhões de reais. Examinei pilhas de processos, esmiuçando e relendo centenas de páginas até tarde da noite, com a Assessoria Jurídica, para que detectássemos pontos de desperdício ou escoamento – e eram muitos, como serviços que haviam sido contratados para trinta pessoas e estavam atendendo três, mas continuavam a ser pagos na íntegra... Comecei a instituir um novo padrão de controle.

Fiz dezenas reuniões com promotores do Ministério Público, Varas da Infância e Juventude de varias partes da cidade, entidades de combate à violência contra a mulher, de defesa de direitos dos idosos, de tudo. Foi um trabalho forte, nos bastidores, que deu e ainda vai dar frutos, mas não era muito valorizado pelo prefeito.

A capacidade de ouvir era uma das qualidades que me fizeram gostar do Doria, e que ele vinha perdendo velozmente. Nas reuniões, eram dez minutos para cada um dos 22 secretários, e foco nos projetos de grande visibilidade. Cada um começava o seu relatório e o prefeito não queria ouvir narração de problemas: Tragam as soluções! Como o mergulhador que usa uma roupa para se proteger da água fria, ele criou uma camada protetora. Muitos dizem que ele é cínico, mas acho que faz parte dessa estratégia de mando, seu invólucro de sobrevivência. Mas a partir de um ponto é preciso que você se envolva, escute o problema, saia da superfície.

Ainda me iludi até o começo de fevereiro, quando achava que era o Filipe quem não me escutava... Com o passar do tempo, entendi que na verdade Doria via no Filipe sua própria continuação. Um rapaz novo, muito rico, que levava moradores de rua para dormir em sua casa, um "abnegado" que teria se licenciado do comando das empresas familiares para cumprir uma missão... Ele era a pessoa de confiança do Doria, não eu, embora para mim ligasse todo dia, às 8 da manhã:

– Sonia, ainda tem gente dormindo na Nove de Julho. Você me prometeu resolver isso.

– Prefeito, naquele grupo há mulheres e crianças... E não existem vagas suficientes em nossa rede para mulheres com crianças pequenas. Ainda não.

Ele não queria ouvir, esperava que no dia seguinte, ao passar de carro pela avenida, não encontrasse mais nenhum morador de rua no local. O pesadelo se repetiria, infalível, às 8 da manhã seguinte:

– Sonia, ainda tem gente dormindo na Nove de Julho...

Foi ficando um clima muito hostil. Em fevereiro minha vida começou a ficar insuportável. O próprio prefeito estava me atropelando, me desautorizando. Eu dizia que não era possível resolver problemas complexos tão rápido, o Filipe garantia que era.

Meu desgate não tem nada a ver com o atraso no primeiro evento do governo, quando o prefeito e todos os secretários deveriam estar na Praça 14 Bis às seis da manhã, vestidos de gari.

A gente se planejou muito para aquela ação. Passei a noite em claro, de nervoso. Queria levantar às 4h30 para chegar bem antes de todo mundo, mas quando finalmente consegui adormecer apaguei de vez e acordei às 6! Sempre acordei cedo com a maior facilidade e não sei como não consegui acordar na hora certa justo naquela manhã na hora certa. Não sei se Freud explica.

Enfiei correndo e chorando o uniforme de gari, mandei uma mensagem aflita para o grupo de secretários. Depois eles brincaram comigo, disseram que era só não ter falado nada que iam pensar que eu já estava lá...

Quando cheguei, fui tratar de ver como estavam os moradores de rua, pois essa era a questão que mais me preocupava – como eles reagiriam ao evento e como lidariam com eles. Uma repórter deu a notícia do atraso e continuou martelando nos dias seguintes. O prefeito anunciou que ia multar quem se atrasasse para reuniões, e a *Folha* tascou: "Doria cria Lei Soninha". O prefeito deu risada, "que tanto eles pegam no seu pé?" Já tinha ficado impressionada quando, em novembro, disseram que eu ia distribuir maconha na cracolândia...

Dez anos voltei à mansão da Rua Itália, no Jardim Europa, sabendo exatamente o que iria ouvir.

– Já tinha vindo aqui antes? – foi o que perguntou, ao me receber gentilmente na entrada de sua casa. Lembrei do jogo de futebol da Luana.

– Você deve imaginar por que eu te chamei aqui.

Depois dos elogios de praxe, ele disse ter concluído que minha vocação era a Câmara, o trabalho no Legislativo, e não o exercício do cargo do Executivo. Que a ideia fora dele, mas a secretaria precisava de um pulso mais firme na gestão do que eu podia assumir.

– Agora quero te ouvir.

– Que bom, eu queria muito falar. Prefeito, eu sou muito boa de gestão. Em todas as instituições em que atuei ou dirigi, e não foram poucas, consegui ótimos resultados, tanto em relação ao desempenho financeiro quanto aos resultados. Pergunte a quem trabalhou comigo. O problema na secretaria foi outro.

Eu falando e as lágrimas escorrendo, mas a voz não falhou.

– Não é possível fazer o que Filipe promete. A conta não fecha e os prazos são inviáveis. Mas você não me dá ouvidos, não confia em mim.

Ele ouviu calado, paciente, e depois sugeriu que eu mandasse uma carta, dizendo que preferia voltar para a Câmara dos Vereadores.

– Não quero mandar uma carta pedindo pra sair, não vou fingir que eu quis, fazer uma encenação. A gente conta o que aconteceu de verdade.

Ele concordou, eu pedi que esperássemos completar cem dias de governo – o que aconteceria logo depois que ele voltasse da viagem à Coreia, para onde embarcaria no dia seguinte. Eu conseguiria correr com o que estava em andamento para deixar encaminhado da melhor maneira possível.

Na data marcada, fui com a Lylian até a Prefeitura, onde encontrei o Julio Semeghini, chateadérrimo com a situação. No gabinete, Doria propôs:

– Podemos gravar um vídeo?

– Tem certeza, prefeito?

– Sim, direi o quanto respeito você, sua sensibilidade, e que sua vocação é o Legislativo...

– Não acho uma boa ideia fazer uma transmissão ao vivo, e se eu chorar?

– Mas chorar por quê?

E assim foi: que gravamos o vídeo em que ele me demite, e eu não desfaço a cara de tristeza, o meu desapontamento. Disse apenas que eu voltaria para a Câmara sabendo muito mais do que antes. Não estou nem aí para o vídeo, minha bronca foi a demissão por "injusta causa". Ele diz que faltou peso na gestão, mas era eu quem tentava fazer gestão naquela brincadeira toda. Não tinha alguém com quem pudesse dividir, e a secretaria ainda era sobrecarregada por dois projetos quando havia mais de mil serviços conveniados para tocar, fora as dezenas de unidades de referência.

Mal terminamos a gravação e o secretário de Comunicação entrou na sala:

– A Monica Bergamo ligou, perguntando se é verdade que Soninha vai ser demitida. É verdade?

O vídeo foi postado na página dela no UOL sem a minha resposta, só com a fala do prefeito. Só depois de muita

91

insistência da Lylian, o Facebook do prefeito o exibiu na íntegra, quando milhares de pessoas já tinham visualizado a outra versão. Ficou a ideia de que eu ouvi calada, o que só piorou a impressão.

Muitos, como o pessoal do MBL, saíram dizendo "nem devia ter chamado essa comunista maconheira". Outros disseram "não aguentou o ritmo do Doria, pensou que era moleza", e esses me irritaram mais. Mas as pessoas que me importam são as que têm noção dos meus compromissos, da minha seriedade, que sabem não ser possível esperar resultados concretos e duradouros em projetos de assistência social em um prazo de apenas cem dias de trabalho.

Saiu minha exoneração no dia seguinte. Os funcionários indicados por mim para a secretaria iriam comigo para a Câmara, e alguns indicados por Filipe também não queriam continuar com ele. Foi um entra e sai tocante na minha sala, gente vindo do térreo ao sexto andar. Duro pensar em tudo que poderia fazer, no que estava construindo e desmoronou. Mas eu já tinha me preparado, tive tempo para processar, enquanto quem estava engajado comigo nesses planos teve um baque de desânimo.

Teve uma mensagem de despedida que eu tive vontade de emoldurar e pendurar na parede.

Prezada Soninha,
desejo que, mesmo com a surpresa da notícia hoje, vc permaneça bem e, especialmente, em estado de paz interior. Como sabe, iniciei há pouco minha jornada aqui na SMADS nesta temporada e fiquei verdadeiramente admirado de ver sua capacidade exemplar (pra todos e pra mim principalmente) de trabalho, sua dedicação diuturna aos assuntos institucionais da Secretaria e sua simplicidade respeitosa no trato com as pessoas, com os servidores.

Tenho mais de 30 anos de serviço na Prefeitura (e mais 8 no Governo do Estado de SP) e ainda não tinha visto alguém, na posição de titular da Pasta, de Secretário(a), com tamanha disposição e acuidade na lida com os processos administrativos, matéria que diz respeito ao âmbito de competência da minha atuação técnico-profissional. (...) Um exemplo pra mim, tenha a certeza. Desejo que sua presença, mesmo na Câmara Municipal, consiga permanecer irradiando a energia positiva e correta que pude constatar existir, e inspirando decisões benéficas às pessoas acolhidas e que tanto necessitam.

Abs fraternos,
Paulo de Moraes Bourroul
Procurador do Município"

No primeiro dia na Câmara, estranhei demais a mudança de ritmo. No Executivo você tem um problema pra já, uma questão seriíssima pra daqui a pouco, duas emergências no final da tarde e um milhão de decisões a tomar nos próximos dias. No Legislativo não se faz ideia dessa urgência, essa falta de espaço para respirar.

Mas não demorou uma semana para eu vou voltar ao meu entusiasmo pelo trabalho como vereadora. Na verdade, o outro mandato foi um sofrimento, mas desta vez estou amando. Toda alegria acaba, todo sofrimento também.

esse tipo de amigo

Eu detestava o Fernando Henrique, por tudo que ele não tinha feito na Presidência da República. Eu não admitia, não aceitava, não dava um desconto baseado nos "quinhentos anos de atraso". Tinha raiva dos tucanos por não terem promovido justiça social. Não acabaram com o analfabetismo. Não protegeram a Amazônia. Não universalizaram o saneamento básico.

O Serra era um dos expoentes daquele mundo, portanto igualmente detestável. Na campanha eleitoral de 2004, eu fazia chifrinhos em direção à tela quando ele aparecia na televisão. Fomos eleitos, os dois: eu, vereadora pelo PT; ele, prefeito pelo PSDB.

No carnaval de 2005, de passagem pelo camarote da Prefeitura, fui convidada para ir até a sala onde estava o prefeito. Serra conversava com um ambientalista, defensor da Amazônia, e se levantou para me cumprimentar:

– Eu sou um grande admirador de seu trabalho! Cheguei a sugerir que sondassem você para sair para vereadora pelo PSDB, então soube que você já seria candidata pelo PT! Poxa, fiquei tão decepcionado.

Eu não sabia até que ponto era brincadeira, achei o cúmulo.

– Como assim, prefeito, eu no PSDB? Eu sou de esquerda!

Ele reagiu muito bravo:

– EU sou de esquerda!

– Mas o seu partido, prefeito...

– O meu partido não sei, mas eu sou de esquerda!

Achei graça na revolta e na sinceridade dele. Aproveitei a chance, sei lá quando eu ia poder chegar perto do prefeito de novo:

– Sabe o que eu queria um dia? Poder tomar um café e conversar com calma, com tempo, não no esquema "audiência no gabinete".

Ele riu. "Café não é comigo." Eu nem fazia ideia que ele era conhecido por varar as madrugadas. "Podemos sair para jantar? Minha secretária te procura."

Capaz, pensei.

Na semana seguinte, vem a Dalva, minha assessora na Câmara, esbaforida: "Soninha, é pra você, é o prefeito!" E não é que ele marcou o jantar?

Em um restaurante tranquilo, mal fizemos os pedidos, ele puxa um caderninho e uma caneta: O.k., pode falar. Eu tinha levado cinco ou seis itens anotados em um papel, pensando "vamos ver até onde consigo chegar".

Ele ouviu todos, um por um. Em alguns, disse "não é assim como você pensa, mas deixe esse de lado por enquanto". Em vários outros, "tem razão", com aquele "r" engraçado do paulistano antigo. "Vou falar com o Mauro Ricardo, o secretário de Finanças, a gente corrige isso amanhã".

No dia seguinte de manhã, o secretário me liga pra dizer que, por orientação do prefeito, estava retificando a portaria que reordenava a lista de credores prioritários da Prefeitura, resolvendo assim um problema que estava afetando dezenas de companhias de teatro (vítimas de um calote no final do governo anterior, mas isso elas não conseguiam entender).

– Amanhã sai a correção no *Diário Oficial*. Obrigada por apontar esse erro, não queríamos prejudicar os pequenos credores.

Fiquei muito impressionada com o respeito, a deferência. E feliz com a confirmação do que eu tinha aprendido ao longo da vida: deixar pra "causar" como recurso final, não inicial. A Cooperativa de Teatro queria bater bumbo na porta da Prefeitura, eu disse "deixem-me primeiro tentar negociar, persuadir".

Naquele jantar, comentei que sempre que andava pelos morros da Brasilândia sonhava em levar um prefeito até lá numa sexta-feira à noite. Era, e ainda é, um dos lugares mais detonados de São Paulo. Eu dava aula de inglês em um projeto chamado Sala 5, que funcionava como uma agência individual de microcrédito para famílias muito pobres (alto índice de inadimplência). A ideia era andar sem pressa, sem comitiva e sem imprensa.

De novo, ele topou. Eu ia realizar um sonho cultivado desde que o Maluf era prefeito. E justo com o Serra, aquele mala. Já estava começando a engolir minha aversão, detestando admitir que estava quase gostando dele.

Dali a alguns dias sua secretária liga novamente e passa o telefone para ele:

– Sonia, como vai? Hoje à noite podemos fazer aquele seu passeio na Brasilândia? Como você prefere, vamos no meu carro?

– Não, no meu. Nada a ver ir com carro oficial.

– O.k., vou passar o telefone para a secretária anotar seu endereço.

Fiquei abismada, esperando que alguém ligasse a qualquer momento para desmarcar. Até queria, porque estava entrando na hora do meu sono. Mas na hora combinada, dez da noite, toca o interfone e lá está o prefeito me esperando.

Subimos e descemos morro – Guarani, Elisa Maria, Itaberaba, Teresinha. Ele fazendo anotações. Mostrei um trecho horrível da Cantídio Sampaio, uma avenida muito movimentada que nem calçada tinha, o matagal invadindo a pista e as pessoas andando pelo meio da rua. Ligou para o Secretário de Subprefeituras na mesma hora, e já passava de meia-noite: "Walter, isto aqui está uma vergonha, preciso que alguém venha amanhã tomar providências".

Começava a conhecer todos os aspectos do folclore sobre a sua figura, e admirar muitos deles: a impaciência, as longas jornadas, a indignação.

Naquela volta pela Brasilândia mostrei a ele as ruínas de uma obra inacabada atrás de um terminal de ônibus, conhecida como "esqueleto do Janio" (a construção tinha começado na gestão dele, na metade dos anos 80). Ele disse "Podemos fazer alguma coisa para juventude, aqui não tem nada!" Imaginei um lugar que não fosse apenas para "consumir" cultura (teatro, shows, cinema), mas também para produzir. "É muito difícil ter um lugar para ensaiar, dinheiro para alugar estúdio". Assim foi feito, e, depois de décadas estragando a paisagem, em pouco tempo aquilo virou um centro cultural incrível.

Ao longo da construção, tive mais duas demonstrações de que ele não era o que eu imaginava. Primeiro, enfrentou a resistência do pessoal do PSDB que defendia que ali deveria haver uma escola técnica, afinal "jovens precisam de emprego, não de cultura" (aff). Eles espalhavam nos jornais locais que era absurdo o prefeito dar ouvidos a uma petista; que já bastava eu ter indicado a coordenadora de Juventude (que era minha conhecida de longa data, mas eu não tive nada a ver com a nomeação dela).

Depois quiseram vetar a pintura decidida pelos moradores da região – cores primárias e intensas, tipo azul na fachada, amarelo nas paredes internas e vermelho na torre do elevador. "Vermelho? A cor do PT?" A coordenadora, que não era petista nem nada, morreu de raiva e frustração. O que dizer para os jovens depois de meses de reuniões? Quando o Serra soube da história, ficou puto: "Imagina que bobagem, deixa pintar de vermelho!"

Mais adiante, vereadores tucanos reclamaram da decisão de fazer um Centro Educacional Unificado em Heliópolis. "Ali você não ganha nada, os votos são todos do PT". Eu tinha convencido o prefeito a retomar o projeto dos CEUs, criação da Marta, que os tucanos achavam caros demais para uma cidade que precisa de milhares de vagas em creches. Mostrei que não fazia sentido dividir o custo da obra e manutenção pelo número de vagas criadas; CEU é um espaço comunitário com ginásio esportivo, piscina, campo de futebol, teatro etc – e também uma grande escola. O secretário de Educação indicou um terreno público disponível ao lado da favela e pronto, o prefeito tucano fez um CEU no reduto petista. Tinha como não gostar daquele homem?

Fiquei fascinada pela sua permeabilidade a conselhos e correções, sua postura de fazer o que achava justo e fodam-se as desavenças partidárias. E estava adorando aquela amizade inesperada e improvável. O Serra me levava em consideração, me consultava, me ouvia. Cheguei a dizer para amigos "estou apaixonada por ele"! Burra...

Ele me admirava pelas minhas posturas, minhas brigas. Contou que ficou puto quando a TV Cultura me mandou embora por causa da matéria da *Época*. Me respeitava demais, mesmo quando eu nem era tão respeitosa assim.

Ele é famoso pela falta de jeito; eu brinco que é quando vem à tona o "mooquense" (ele foi criado no bairro da Mooca, bairro operário onde se radicaram muitos italianos). Mas eu também não sou a rainha dos bons modos (estou melhorando, estou melhorando) e dava verdadeiros esporros no prefeito, "você não devia ter falado assim com o secretário na reunião". Ele se espantava, nem tinha se dado conta que tinha sido estúpido com alguém, me agradecia. Quando se é prefeito, dificilmente alguém fala que você está errado... As pessoas têm medo de discordar do chefe.

O Serra gostava da minha espontaneidade, minha sinceridade, meus modos heterodoxos, das minhas ideias e do meu texto. O que não quer dizer que não queria me consertar:

– Mas você é tão bonita, precisa andar com esse tênis horroroso? Penteia o cabelo, passa um batonzinho.

Começaram a falar que eu era amante dele. Depois de um jogo do Brasil no Pacaembu, saímos em um grupo de vinte pessoas para jantar na Vila Madalena – virou notinha venenosa no Painel da *Folha*. Tiravam foto da tribuna do Parque Antarctica onde assistíamos jogos com minhas filhas e seu neto, como se estivessem flagrando uma cena indecente.

Havia um grupo de vereadores que me encarava com aquele olhar malandro, de boteco. Amigos me aconselharam a me afastar dele, outros vinham avisar sobre as fofocas que corriam na Câmara. O vereador Antonio Carlos Rodrigues, líder do poderoso Centrão, fizera uma piadinha em plena sessão:

– Vocês querem saber onde está o Serra? Perguntem pra Soninha.

O "Carlinhos", como era chamado por outros vereadores, tinha sido eleito presidente da Câmara sem meu voto – não fosse por isso, teria sido por unanimidade. Não fazia a menor diferença, mas ele ficou furioso a ponto de botar o dedo na minha cara, logo depois da votação, e dizer "Eu vou acabar com você".

A proximidade do PT com o Centrão, especialmente com Antonio Carlos Rodrigues, me incomodava muito. Teoricamente nós não tínhamos nada a ver com sua postura, ideias e condutas. Essa era uma das muitas razões de eu estar em profunda crise com meu partido, abismada com as "estratégias políticas" e as "táticas de plenário".

Dia de reunião da bancada era o pior da semana, eu morria de raiva e decepção. Concordávamos que um projeto do prefeito era bom, mas decidíamos nos posicionar ferozmente contra ele. Contribuir para algo bom do Executivo significaria ajudar pretensões eleitorais dos tucanos no ano seguinte. Portanto, quanto pior para a cidade, melhor para nossos planos. Eu não conseguia acreditar que as piores coisas que diziam de nós eram verdade.

Eu não era a única que desanimava. Um vereador se recusou a brincar com um boneco chamado "Serróquio", que mandaram fazer para esculachar o prefeito no 1º de Abril por não ter feito nada do que tinha prometido nos cem primeiros dias de governo. "Desculpem, não é assim que eu critico." Em outra ocasião, se dirigiu à tribuna como quem caminha para o cadafalso: "Fui escalado para falar meia hora contra um projeto que nós mesmos avaliamos como positivo".

De sua parte, Serra vivia soltando o verbo contra "coisas de petista" – artigos na *Folha* de autores "isentos", manifestações pseudopacíficas que eram pura provocação. No começo eu achava que ele estava viajando, depois vi que muitas vezes era verdade. Mesmo assim, pedia pelo amor de Deus para ele não falar daquele jeito para não acirrar os ânimos – e também porque doía em mim, "não tenho nada a ver com o jeito de alguns fazerem política".

O PT começou a propagar que ele só era prefeito como trampolim para ser presidente. Seu nome era incluído nas pesquisas de intenção de voto e ele aparecia muito bem colocado, capaz de derrotar Lula. Com isso, parte dos tucanos começou a estimular que ele fosse candidato novamente – outra parte, naturalmente, não concordaria jamais, era a vez do Alckmin.

No meio disso tudo, o próprio Serra vivia em angústia que, de longe, nem se imaginava. Ser candidato em 2006 realmente não estava nos seus planos. Pela primeira vez, testemunhei o abismo que existe entre o que sai nos jornais e as pessoas reais. Articulistas falavam dele como se estivesse ultradecidido, narravam conversas imaginárias, liam pensamento. Chovia conselho de tudo quanto é lado, alguns dizendo entusiasmados que ele tinha de sair, outros implorando para ficar, nem que fosse para evitar uma implosão no PSDB. Uma certeza ele tinha.

– Não vou brigar com o Alckmin. Se ele quiser sair, não vou disputar.

Em abril, Serra anunciou que não seria candidato a presidente. Fiquei aliviada, não queria que entrasse para a história a versão de que ele não tinha se interessado pela Prefeitura, seria injusto. Mas uma vez definida a candidatura do Alckmin, uma parte da turma que dizia que ele tinha de ficar na Prefeitura veio pedir em romaria (eu sempre me lembro da Geni) que fosse candidato a governador.

Novo dilema. Sofreu até os cinco minutos finais para decidir se iria renunciar. Concluiu que podia confiar no Kassab para continuar sua gestão, e que seria eleito para o governo do estado e poderia fazer muito mais pela capital, sem o risco de ter um governador adversário. Eu continuava preferindo que ele ficasse, doía em mim o chamarem de fujão.

Às vésperas da eleição, armaram uma trama louca contra ele, apresentando um dossiê forjado que o acusava de participar da máfia dos sanguessugas. Ele ficou devastado, deprimido, a ponto de querer largar tudo. Foi muito, muito difícil. A farsa foi desarmada bem a tempo; Lula chamou ou autores de "aloprados". Serra conseguiu se eleger.

Depois daquelas eleições saí do PT – àquela altura, para mim não havia mais qualquer dúvida de que o partido tinha enveredado para o vale-tudo e estava disposto ao jogo sujo, às alianças mais absurdas, tão obcecado pelo poder quanto os políticos que criticávamos tanto.

Vários partidos me procuraram, mas nenhum me tirou do desânimo profundo. Não queria ser vereadora nunca mais, ia voltar a fazer política do lado de fora do Poder Legislativo. Os dirigentes do PPS tiveram uma reação surpreendente: "Você não pode sair da política! Se não quer mesmo o PPS, escolha outro partido!" O porta-voz era o Mauricio Huertas, que já tinha me defendido em seu blog quando eu ainda era do PT.

Agradeci a deferência, disse não outra vez. Ele insistiu, "você pode vir mesmo sem querer ser candidata, vamos fazer debates, falar de política!"

– Estou saindo de um partido com o qual não me identifico, e a bancada do PPS também não me anima.

– Você tem razão, nós também não estamos satisfeitos com a atuação deles. Já avisamos que podem procurar outro partido para serem candidatos nas próximas eleições, eles estão de saída.

Fiquei pasma com a autocrítica e a disposição em cortar na própria carne. O partido ia disputar uma eleição parlamentar do zero, sem nenhum vereador tentando a reeleição. Quando a direção soube que a única coisa que me animaria a continuar na vida partidária seria ser candidata a prefeita, resolveu fazer essa loucura.

Assim disputei a eleição de 2008 pelo PPS, confirmando tudo que eles tinham me prometido. Eu poderia defender minha visão de cidade e da política sem restrições. Poderia elogiar políticas da Marta e criticar o Alckmin e o Kassab, sem jogar na dualidade boba de dizer que um lado estava sempre errado e o outro, nunca.

Eu podia tocar em assuntos impopulares, como o pedágio urbano e o incentivo ao uso de bicicletas como meio de locomoção. Na época, isso era quase folclórico, até petistas diziam que era coisa de burguesinha. Enquanto os candidatos disputavam quem prometia mais quilômetros de metrô, eu dizia que importante era reconfigurar a cidade, ter mais moradia popular no centro e mais oportunidades de trabalho na periferia.

Consegui uma boa votação, uns 260 mil votos. Acima de mim ficaram os quatro grandes – Kassab, Marta, Alckmin e Maluf, e quase encosto nele.

Em 2010, Serra me convidou para ser editora do site oficial de sua campanha para presidente. Foi o pior ano da minha vida. Inacreditável como uma campanha do PSDB podia ser tão desarticulada. A coordenação de campanha não dava a menor importância para internet, só o que o marqueteiro esperava era que eu não atrapalhasse.

Fiz o site na unha, com a maior seriedade, e uma equipe minúscula. Em julho éramos três pessoas. Só em agosto, com a campanha já bem adiantada, começou a entrar mais gente. Eu ficava dezoito horas no computador – nem via o Serra, que enquanto isso passava por três estados em um mesmo dia. Procuramos fazer um site qualificado, rico, detalhando sua biografia política, demonstrando como tinha sido pioneiro em várias frentes. Mesmo quando ainda não gostava dele, eu admitia a contragosto seu papel importante na luta contra a aids e a indústria tabagista.

Mas seu eleitorado mais à direita tratava sua posição contra a legalização do aborto como se fosse a coisa mais importante do mundo, e essa foi a deixa para a militância petista relegar todo os eleitores do Serra à condição de "reacionários". O site trazia realizações e propostas nas áreas de meio ambiente, educação, infraestrutura, ciência e tecnologia, políticas LGBT, mas ninguém lia. A briga era no Twitter e no Facebook.

A campanha não tinha equipe e estratégia para internet. Até hoje me descrevem como "coordenadora de redes sociais da campanha do Serra", mas eu respondia só pelos meus tuítes e nada mais. Esse cargo só existiu na breve passagem do Ravi Singh, o empresário americano de origem indiana que se apresentava, meio de gozação, como "internet guru". Depois de ter participado da campanha vitoriosa do presidente da Colômbia, Juan Manuel Santos, baixou no Brasil para "botar ordem" na campanha tucana. Não sei nem de onde veio, sei que ao menos transformou várias pessoas desarticuladas em um time.

Era sofrido enfrentar tanta mentira, tanta baixaria. Diziam que o Serra ia acabar com o Bolsa Família, outro tema nevrálgico naquele ano. Que ia acabar com os concursos públicos e a Zona Franca de Manaus. Não havia desmentido que chegasse.

Teve a história horrenda da bolinha de papel. Serra foi recebido com violência em Campo Grande, no Rio de Janeiro, e teve de se abrigar em uma loja com seus apoiadores. Haviam preparado um verdadeiro corredor polonês. Retomou a caminhada quando o tumulto parecia ter acalmado, mas tacaram um rolo de adesivos de campanha que o atingiu na cabeça. O SBT fez uma edição com imagens fora de ordem e uma narrativa que "provava" que tinha sido só uma bolinha de papel.

Para rebater os que acusavam Dilma de ser terrorista, o PT divulgava fotos dele na juventude, "passeando de barquinho no Chile, enquanto Dilma estava sendo torturada". Até eleitores petistas protestavam no blog dos "amigos do Lula" contra ironizar os que tinham vivido no exílio.

O Serra me ligava exausto, de madrugada, admitindo que nunca tinha ficado tão deprimido na vida. Eu também vivia intoxicada, achava um absurdo querer destruir a história dele. Voltei para 49 quilos, meu peso de quando tinha 14 anos de idade.

A poucos dias da eleição, a *Veja* publicou uma matéria de capa dizendo que o Pedro Abramovay, uma pessoa em quem eu tinha absoluta confiança, se queixava de ter de fazer dossiês por ordem da Dilma. Mandei e-mail para toda a equipe avisando que eu não ia compartilhar aquela matéria no site nem na newsletter, porque era muito mal ajambrada e eu conhecia bem o personagem em questão. A mensagem foi parar no Painel da *Folha* e eu, que sofria tanto com as armas do PT, acabava de fazer a eles o serviço de criticar a *Veja*.

Reinaldo Azevedo ligou para o Serra pedindo minha cabeça. Também infernizaram a vida dele quando eu disse que, ao contrário do meu candidato, eu defendia a legalização do aborto. Foi muito desgastante para o nosso convívio. Ele me ligou, bem chateado e cansado:

– Sonia, por que você faz isso? Tem tanta gente que não gosta de você... Não tem noção do que eu estou ouvindo por sua causa.

A vida dele virou um inferno, a minha um tormento. Se eu não tivesse do meu lado amigos tão próximos como a Lylian, a Pamela, Ronaldo, Marcinha, Cesar, um círculo expandido de gente que estava unida, trabalhando vinte horas seguidas, sem voltar pra casa, não teria sobrevivido. De agosto a novembro, não tivemos um só dia com seis horas de sono. Chegava em casa às 2 da manhã, voltava para o escritório às 7, isso quando não virava a noite na frente do computador.

Terminada a eleição, Serra se recolheu. Queria ver mais os netos, ficar com os filhos. Depois daquela campanha injusta e massacrante, nem minha amizade com ele resistiu. Hoje quase não nos falamos mais. Nunca conversamos sobre o Temer, mas tenho certeza que ele acha esse governo medíocre, a despeito de um ou outro bom ministro.

Se voltasse no tempo, aposto, não teria saído candidato a presidente, mas continuado no trabalho como governador do estado, onde ele fez um trabalho do cacete. Ouvi muitas vezes "Para, Soninha, você defende mais o Serra do que ele mesmo". Sim, eu sou esse tipo de amigo.

contrarregras:

cinema, esquerda, volver

Quando vejo os meninos com a cara enfiada no celular, mergulhados nas redes sociais enquanto a comida esfria na mesa, lembro de quando eu era pequena – na minha casa cada um almoçava atrás de um livro, apoiado entre o prato e o copo. Minha mãe lia muito e me viciou em leitura. Demorou até que eu descobrisse que nas outras casas não se lia durante o almoço.

Dona Neide Gaspar – minha mãe – era professora e me ensinou a ler em casa. Aos 4 anos, entrei no Pré-I já alfabetizada, então pulei o Pré-II e fui direto para a primeira série. Era a mais nova da turma e as professoras temiam que eu me sentisse deslocada, mas eu não estava nem aí: amava ir para a escola.

Quando conto que estudei em colégio de freiras, as pessoas logo imaginam um ambiente repressor contra o qual acabei me rebelando. Nada, minhas freiras eram engajadas e progressistas. Já no início dos anos 1970 elas usavam trajes "civis", inclusive calças compridas, e nos convidavam a fazer uma leitura crítica da Bíblia. A história de Adão e Eva é uma metáfora, ensinavam. O homem não foi criado do barro e a serpente é uma alegoria. O mundo não começou assim e o que importa é que Deus estava Presente, dizia irmã Maria Clara, escrevendo um P gigante na lousa.

Refletíamos sobre o quanto Cristo era um revolucionário que havia denunciado a hipocrisia da sociedade, desafiado as autoridades e dado a vida por nós. Ele ensinou que somos todos irmãos, todos iguais. Onde estaria agora? Entre os pobres, lutando por Justiça Social. E você?

Tínhamos a matéria Orientação Educacional uma vez por semana com uma psicóloga. Falávamos de liberdade, responsabilidade, futuro, família e... sexo. Aprendemos que masturbação não é pecado. As irmãs mostravam *slides* chocantes sobre aborto, mas ensinavam o método contraceptivo da observação do muco cervical. Eu amava meu colégio.

Na classe, eu não conseguia parar quieta. Falava muito, parecia que não estava prestando atenção em nada, mas sempre sabia repetir o que a professora tinha dito quando ela pedia. Sempre tive mais facilidade para fazer duas coisas ao mesmo tempo do que uma só.

Uma vez a Roseli, professora de Geografia, perguntou "Você quer ir correr em volta do pátio e aí você volta e sossega?" "Sério"? "Sério". Eu fui!

Eu me envolvia com tudo que inventavam, quando eu mesma não inventava alguma coisa. Dava aulas para os meninos da Colmeia, um projeto social mantido pelas freiras. Coletava donativos, organizava campanhas, era voluntária na festa junina, não perdia uma atividade fora da sala de aula.

Desde a 3ª série, com 7 anos, eu era escolhida para fazer o discurso das comemorações cívicas em nome das alunas. No 13 de maio, escrevi: "Será que acabamos mesmo com a escravidão?" No 7 de setembro: "Não somos mais dependentes de Portugal, mas dos Estados Unidos, somos". As freiras sabiam o que esperar de mim.

Aos 16 anos, casada e com uma filha, continuava pensando seriamente no que deveria ser feito para mudar o mundo. A Faculdade de Educação Física, que eu não via a hora de cursar, tinha ido para o beleléu com a gravidez no 3º Magistério. Troquei o esporte pelas artes, me juntando a um grupo de teatro que ensaiava em uma faculdade na Vila Mariana.

Entrei no grupo quinze dias antes da estreia da Gota d'Água, que eles vinham ensaiando há meses, para substituir a atriz que seria a Joana e tinha saído depois de um desentendimento. Estreamos no Paço Municipal de São Bernardo, plateia lotada, uma sensação de que me lembro até hoje, assim como de todas as coxias onde fiquei esperando minha hora de entrar no palco. Eu era estupidamente feliz.

Éramos rebeldes e revolucionários. O diretor, trotskista, nos deu cópias xerox do *Capital* em espanhol, que discutíamos depois dos ensaios no sábado à tarde. Uma vez levou o grupo todo para tentar influenciar uma votação no Sated, o sindicato da classe teatral, e tomou uma bronca do diretor, seu adversário – afinal nenhum de nós era sindicalizado. Nessa época conheci o Plinio Marcos, que circulava pela faculdade vendendo seus livros e dizia que ia escrever uma peça pra mim. Mentira, mas era uma glória.

Uma vez fomos obrigados a buscar dois censores na Polícia Federal no Largo do Paissandu para assistir a um ensaio geral e dizer qual seria a classificação da nossa peça. Éramos um grupo de teatro amador, que faria duas ou três apresentações! Partimos no meu Fusca 66, que apagava no meio da rua com um problema típico dos modelos daquele ano. Parou no meio da Avenida 23 de maio. Na volta, eles dispensaram a carona.

Dois casais do grupo, um deles com filho de 1 ano, alugaram um apartamento em frente à Igreja de São Judas que virou nosso *bunker*. Em uma das paredes pintamos a *Guernica* do chão ao teto. Passávamos o fim de semana todo lá, dormindo em colchonetes afanados da faculdade cobrindo todo o chão da sala.

Eu andava descalça na rua, com a Rachel encaixada na cintura. Na faculdade e no apartamento, discutíamos a revolução – reforma ou mudança gradual era coisa da burguesia. Estudávamos a obra de cineastas como Buñuel e os pintores surrealistas. E também Oswald de Andrade, Oduvaldo Vianna Filho, Brecht, Paulo Leminski, Itamar Assumpção. Era uma revolta plástica, agíamos como surrealistas na cidade de São Paulo, fazendo intervenções de tudo quanto é jeito.

Todas as formas de transgressão valiam a pena. Os mais audazes – o Federal, o Laerte, o Pacheco – tinham inventado de andar entre os vagões do metrô. Morria de vontade de poder me gabar disso também. Um dia pensei: hoje eu vou. Linha Azul, entre São Bento e a Sé. A porta do metrô fechou e pulei no vão, um pé em cada meia lua onde os vagões se conectam.

O barulho atordoante, a roda raspando no trilho, o sobe e desce eram tão emocionantes quanto o medo de ser pego pelo segurança do metrô – ao menos sabia que, por ser menina, dificilmente ia tomar umas bolachadas. Não podia perder o ponto de saltar quando o trem ia diminuindo de velocidade e chegando na plataforma. Depois que saí da estação, não via a hora de contar para meus amigos, eles iam se orgulhar de mim.

Meu sonho era ser atriz de cinema e teatro, não de novela. Queria ser Jean Seberg, Béatrice Dalle, Nastassia Kinski, Dina Sfat, a Marilia Pera de Pixote. Meus mitos eram as atrizes mais politizadas, a atuação ousada, *underground*.

Minha fantasia sobre dinheiro era não precisar fazer tanto sacrifício. Para mim bastaria entrar em qualquer restaurante e pedir o que quisesse, sem me preocupar com a coluna da direita. Eu comia hambúrguer sem o "X", porque o dinheiro que eu tinha não dava para o queijo, e tomava resto de refrigerante em copos largados no balcão do Grupo Sergio.

Um dos motores do capitalismo é o desejo; outro, a competição. A liberdade de competir e a crença de que o vitorioso trará maior benefício para a coletividade. O problema é que se tem competição, alguém perde. Nos Estados Unidos, ser um *loser* é a pior coisa.

O capitalismo pode não ser para todo mundo, mas o Estado tem de ser. Tem de promover espaço e oportunidades equânimes, garantindo os direitos de todos. A competição sempre vai existir. Os seres vivos competem entre si por recursos, até as samambaias. Mas não é o meu modelo favorito de organização da sociedade. Prefiro operar no modo colaboração, cooperação, solidariedade.

Liberdade individual e propriedade privada não são, para mim, o mais sagrado de tudo – o mais sagrado é a igualdade de direitos e oportunidades. O coletivo precisa ter preferência sobre o indivíduo. Não faz sentido algum uma pessoa ter 2 milhões de hectares e outros milhões de pessoas não terem 2 centímetros quadrados de propriedade. Isso é completamente inaceitável.

Mas um erro histórico de algumas esquerdas é transformar essa noção de preferência do coletivo na supressão de todas as liberdades individuais. Quando a igualdade é uma imposição e não um direito, é crime. O maoismo é um símbolo dessa estupidez comunista.

Já fui mais radical na visão contra as pessoas, os indivíduos. Tinha aversão aos ricos. Se o cara era dono de uma grande empresa, só podia ser um filho da puta. Eu tinha certeza disso. Hoje em dia odeio banco, odeio o Facebook, tenho horror à indústria armamentícia, mas não odeio pessoas.

Eu era professora de inglês e gostava muito de dar aula, mas queria ter algo diferente que me sustentasse. Muito antes de entrar no grupo da Gota d'Água, participava dos festivais de teatro da Cultura Inglesa e adoraria dirigir, atuar e escrever "*for a living*".

Um dia encontrei um amigo de infância na praia, o Antonio Vilela, que me disse estar estudando na ECA, a Escola de Comunicações e Artes da USP, e precisando de uma atriz para seu curta-metragem. Fiz o papel de uma garçonete que testemunhava um crime em *O Homem Errado*, uma versão irônica de *O Homem Certo*, de Hitchcock.

Amei o *set* de filmagem, muitas pessoas precisando se entender para trabalharem juntas. No teatro as partes eram mais separadas; eu fiz a iluminação de algumas peças (ganhei prêmio e tudo!) e não pendurava os refletores no meio da apresentação. Eu gostava de ver a negociação entre luz, som, direção e atores, quase uma coreografia. Escolher um lugar para o microfone que não aparecesse em quadro e não fizesse sombra, enquanto o diretor de fotografia conciliava luz e cenário e o continuísta tentava manter tudo igual à cena filmada dois dias antes.

A parte que me cabia como atriz era a mais chocha do pedaço. Ficava lá sentada horas, esperando a minha vez. Depois que finalmente entrava e saía de cena, diziam – Olha, acabou sua parte, podemos te levar, viu? Eu dizia: Não! Queria ficar até o fim. Atuando, fui péssima. Era todo mundo muito cabaço; o diretor dizia: Você não está no teatro, então cuidado, qualquer movimento de sobrancelha aparece, tem que ser menos! Então menos, menos... Acabei ficando inexpressiva. Primeira vez que me vi na tela, que decepção.

Já tinha desencanado de ter "ensino superior", mas ali descobri que queria fazer faculdade, sim – de cinema, e logo! Mesmo sabendo que não poderia me sustentar a partir daquela atividade. Teria de dar mais aulas para bancá-la, isso sim.

Aos 23 anos passei na Fuvest. Tinha estudado em apostilas de cursinho descartadas por alguém, odiando rever aquela matéria inútil do colegial. Eu era a mais velha da turma na USP, coisa rara pra mim. Foi muito estranho, achava que meus colegas de turma, no fundo, eram moleques... Moravam com a mãe, às vezes o pai ainda vinha buscá-los de carro! Enquanto isso eu dava aula em mais de um lugar, pegava ônibus e metrô para a faculdade, corria depois do serviço para buscar minhas filhas na creche e só então ia ler os textos da faculdade.

Sempre muito apertada de dinheiro, contando os trocados para tirar xerox, almoçando no bandejão ou não almoçando para economizar, eu não tinha tempo a perder. Estudei milhões de horas, na madrugada, para conseguir me colocar entre as quinze vagas de Cinema da USP – então dava muito valor a cada minuto do meu tempo naquela faculdade, não perderia nada a que tivesse direito.

Vasculhava a biblioteca, ficava atenta às aulas sem a atitude *blasé* dos mais novos, fazia um esforço desgraçado para não dormir. Mas o curso de Comunicações era uma zona! Os professores não iam, os equipamentos não funcionavam. Comecei a agitar para mudar aquele estado de coisas.

VISITE O LABORATÓRIO ANTES QUE ACABE! Foi esse o meu grito de guerra, a frase que passei a escrever nas paredes de cortiça da faculdade, quando ficamos semanas sem aulas de fotografia por falta de produtos químicos no laboratório. Conversei com os outros alunos igualmente indignados e propus que parássemos durante uma semana, e fazer uma espécie de auditoria na escola e entender por que a faculdade não funcionava como deveria.

Conversamos com os professores e a direção sobre a ideia, e eles autorizaram o acesso a tudo – almoxarifado, funcionários, laboratórios etc. O resultado não podia ter sido melhor.

A partir dos dados que obtivemos, montamos uma grade curricular diferente, concentrando as matérias práticas como montagem e fotografia em um determinado período, e as teóricas em outro. Descobrimos que havia dez câmeras que não funcionavam, mas se juntássemos o motor de uma com o chassi de outra poderíamos ter cinco equipamentos para filmar. Convidamos os professores para apresentação de nossa proposta, no auditório, e que alegria: eles aceitaram.

Essa experiência foi extremamente valiosa para minha formação política. Enquanto eu me enfurecia sozinha, esperneando pelos corredores ou pichando as paredes de cortiça, era apenas mais uma ativista solitária, uma rebelde frustrada. Aquelas ações irritavam os professores e não levavam a nada. Só a partir de um trabalho coletivo organizado é que obtivemos a grande mudança, um resultado concreto, transformador.

Um amigo fez o convite em novembro de 1990: precisavam com urgência de alguém para dar uma adiantada na produção da MTV, que ficaria um mês sem gravar nada porque ia mudar de prédio. Eu tinha visto os primeiros programas no ar e para mim aquilo parecia caricatura de juventude: pessoas superfelizes, mexendo os braços exageradamente, "e aí galera"... Mas eu não estava em condição de recusar emprego, com duas filhas para sustentar.

As condições eram ridículas nos primórdios da MTV. Trabalhávamos em um galpão na Rua Coropé que foi demolido com o alargamento de uma avenida onde hoje é o Instituto Tomie Ohtake. Era tudo tão precário... Derretíamos entre ventiladores barulhentos, nos desdobrávamos para atender aos telefones que tocavam muito e nos revezávamos para usar as máquinas de escrever disponíveis.

Éramos todos tão sobrecarregados que não havia muita supervisão, então dava pra ter certa liberdade. Eu escrevia os textos com a ambição de dar propósito a tudo, com o máximo de informação. Não existia internet – pensa! –, então nos matávamos de pesquisar, fuçando arquivos de jornais e revistas, tentando filtrar os *releases* das gravadoras e encontrar algo que fosse "de verdade".

Estávamos criando a MTV no Brasil quando a indústria fonográfica ainda não fazia clipes com regularidade. Comecei como assistente de produção, depois fui produtora, redatora, coordenadora de núcleo, e em seguida passei a dirigir projetos e programas especiais, como o VMB, o *Video Music Brasil*.

Participei da criação de vários programas, como o *Barraco MTV* – "encomendado" pela Astrid, nossa barraqueira-mor. Depois de anos no comando do *Disk MTV*, ela não queria continuar apresentando videoclipes, e eu achei incrível poder trazer para a programação assuntos que não tivessem nada a ver com música, como a Febem, gravidez na adolescência e as escolas públicas.

Não queríamos o modelo convencional de programas de debates, com dois ou três convidados em posição de destaque e um auditório com dezenas de pessoas, no qual uma ou duas pessoas fala. Todo mundo ficaria em volta da mesma mesa, sem hierarquia, sem palco e plateia. Eu e o Daniel Benevides, aquele amigo que me levou para a TV, éramos os diretores do programa.

Escolhíamos temas quentes, como homossexualidade, mas não queríamos o sensacionalismo óbvio, a polêmica fácil, como opor uma travesti e um cara da TFP. A gente acrescentaria o que para o mundo? Queríamos um advogado gay, uma lésbica superfeminina, uma mulher hetero masculinizada, um religioso capaz de se posicionar com respeito... Um *Barraco* antológico foi o de uma professora de educação sexual que ensinou a colocar camisinha, ao vivo, usando uma banana – uma cena atrevida para a televisão dos anos 1990, que só a MTV se dava ao direito de produzir.

Outro programa antológico teve o ministro da Educação, Paulo Renato, como um dos convidados. Montamos a roda incluindo um rapaz que era da juventude do PT, que se comportava de forma insolente, provocando o ministro, até que ele saiu do sério, segurou no braço do militante e falou: Calma aí, rapaz, deixa eu falar.

Sem poder fazer nada na hora, a assessoria do ministro pediu que o programa não fosse reprisado, mas a direção da emissora se manteve firme. Achei muito legal que a MTV não tenha se curvado à ordem do ministro da Educação, mas agora, vinte anos depois, consigo me colocar no lugar dele. Não iria pedir que cancelassem a exibição de um programa, mas entendo o que é estar numa situação de debate que não é debate, é provocação. É tão fácil tirar alguém do sério... Uma figura pública acaba ficando numa posição difícil e vulnerável na discussão em que um jovem opositor o provoca sem limites. Hoje não vejo qualquer vantagem em tirar seu oponente do eixo.

Nossa meta era contribuir de verdade, avançar, fosse qual fosse o debate – sobre sexo, política, mídia ou meio ambiente. A gente procurava fazer campanhas de cidadania de forma criativa, indo à casa de artistas fuçar no seu lixo para saber como cuidavam da reciclagem, por exemplo, numa época em que isso não era assunto tão popular. Queríamos criar a onda, cativar o público de forma inteligente.

Usando a Unidade Móvel na porta do prédio, convidamos o público para expor suas dúvidas e perguntas sobre a aids, no momento em que falar tão abertamente da doença ainda era tabu. A questão da orientação sexual era tratada com o mesmo respeito com que nos manifestávamos sobre a seca do Nordeste, a devastação da floresta amazônica ou a voz de prisão dada ao Planet Hemp, em 1997, quando a banda foi acusada de fazer a apologia das drogas depois de uma apresentação em Brasília. Eu e Astrid organizamos um ato contra a prisão do grupo, no estacionamento do Pacaembu.

E continuávamos inventando e desafiando as ordens. Um dia pedi para levar o computador para o estúdio, e parecia tão sem sentido quanto levar a máquina de xerox. Tive de me esforçar para convencer – o computador é bonito (aquele Macintosh colorido), cai bem no cenário, e assim posso ler e responder e-mails na hora que chegam em vez de esperar alguém imprimir e trazer. Relutante, a diretora autorizou. Olha no que deu.

Eu me tornei apresentadora meio por acaso. Era encarregada de dirigir os testes dos candidatos a apresentador e não me conformava com aquela experiência frustrante no cinema. Eu era tão boa no palco, era boa diretora, como podia ser tão ruim na tela? Um dia as gravações tiveram de ser interrompidas porque acabou a luz e o gerador era barulhento demais. Aproveitamos o intervalo para trocar de lugar: minha amiga Joana Mazzuchelli seria a diretora e eu, a candidata. Foi ótimo, ela me deu um esporro logo na primeira tentativa: tá uma merda, essa não é você, faz de novo. Fiquei meio injuriada mas fiz, e ficou bom. Quando o Moa Samea, diretor do núcleo, assistiu, ficou animado: "Vai ser nossa estepe". Eu entrava no lugar de qualquer VJ que estivesse ausente, e continuava redatora e coordenadora.

Quando criaram o *Território Nacional*, o primeiro programa em que eu era titular, a ideia era dar espaço para as bandas brasileiras que estavam arrebentando mas não "ornavam" com o resto da programação, então apareciam em todo lugar menos na MTV. Pra nós (eu, a Joana e a Paula Chrispiniano, a equipe completa do programa), era muito razoável a MTV ser um "território livre" de axé e pagode – afinal, quem gostasse desses estilos já tinha todos os outros canais para assistir! Mas não teve jeito.

Fizemos, então, nossa manobra subversiva. Artistas brasileiros que não passam nos outros programas? O.k. Trouxemos João Donato, Tim Maia, Jorge Benjor, Banda de Pífanos de Caruaru, Nelson Gonçalves, Dominguinhos... Virou a marca do programa!

Em 2000 saí da MTV para a TV Cultura e continuei ativa na defesa das causas ambientais – consciência que adquiri em casa, com minha mãe, e no Colégio Santana, com as freiras que nunca deixaram de nos alertar sobre a necessidade de lutar pela conservação do planeta. Foi na 8ª série que participei de minha primeira ação organizada de maior alcance, colhendo assinaturas para que proibissem a caça das baleias, na época em que o Greenpeace era meu sonho de atuação.

Além do meu trabalho na televisão, eu escrevia uma coluna na *Folha de S.Paulo*, outra na revista *Vida Simples*, era comentarista nas rádios Globo e CBN e voluntária na favela de Heliópolis, a maior de São Paulo – até que comecei a perder o ânimo.

Fui ficando na fossa, vendo as limitações da minha militância. Eu passava meses me dedicando ao trabalho com um grupo de meninos na favela e, de repente, eles sumiam da comunidade sem que ninguém soubesse dizer para onde, ameaçados pelo tráfico que dominava a região. Mas que grande coisa era aquela que eu tentava fazer, se a tragédia do cotidiano parecia anular tudo de uma hora pra outra?

Fazia as campanhas pela reciclagem, as pessoas se interessavam, mas não tinha coleta seletiva. Participava de passeata do SOS Mata Atlântica em defesa da Amazônia, no Parque do Ibirapuera, mas depois só nos restava torcer para que os deputados votassem como queríamos.

Foi nesse estado de desânimo que comecei a frequentar reuniões no Instituto Cidadania, que hoje se chama Instituto Lula. Muito próximo do governo federal, o Instituto convidou jovens de diversos perfis para contribuir com o que seria o Plano Nacional de Juventude. Eu me engajei seriamente, emplaquei no relatório a ideia de que ter um computador em cada casa era necessidade básica e garantia de acesso a direitos – eu e os computadores, sempre... Juro que era uma ideia ousada, heterodoxa. Achar que computador é básico como uma TV, essencial como uma geladeira?

Mas não me empolgava muito porque ainda era muito distante o conceber do fazer acontecer. Comecei a paquerar a ideia de ser vereadora, buscando ir além, sempre um pouco além, do que minhas iniciativas como ativista política até então podiam alcançar.

Desejar o poder é visto como algo negativo, mas era exatamente o que eu queria: poder. O que me mata é a impotência.

quase tudo

Foi por causa da briga de cervejas que eu fui parar no futebol. Éramos loucos por esporte na MTV. Os cadernos de esporte dos jornais eram mais disputados que os de cultura – até porque nós não precisávamos deles para notícias sobre o mundo musical. Assistíamos juntos às Olimpíadas, tínhamos uma turma de palmeirenses que ia sempre ao estádio e de vez em quando passávamos o sábado jogando futebol no sítio de um amigo.

Eu narrava os jogos de zoeira, e isso veio bem a calhar quando o Zico Góes, diretor da MTV, precisou resolver um problema de última hora. Era véspera da gravação de mais uma edição do Rock & Gol, um campeonato entre bandas que era divertido para uns e caso de vida e morte para outros.

Os jogos eram narrados pelo Paulo Bonfá e comentados pelo Marco Bianchi. Felipe Xavier, que completava o trio dos Sobrinhos do Ataíde, era o repórter de campo. Mais de metade da graça do programa estava na participação deles, que eram gozadores perfeitos dos clichês do jornalismo esportivo e tinham presença de espírito incrível.

Naquela edição de 98, a MTV fechou na última hora um patrocínio com a Budweiser, e os Sobrinhos tinham patrocínio próprio da Skol. Resultado: tiveram de sair! No desespero, o Zico pensou que, exceto pelo Edgard, a única VJ com alguma chance de narrar um jogo era eu. Ser mulher era uma vantagem, para deixar claro desde o início que era uma brincadeira com os padrões do futebol. Minha única "exigência" foi uma gravata especial para o evento, que eu tenho até hoje.

Silvio Luiz foi um dos comentaristas e o repórter de campo foi o Marcelo Yuka, do Rappa. O resultado não foi nenhuma maravilha, eu tenho vergonha de algumas partidas, mas nos divertimos. Quando o programa foi ao ar, as pessoas achavam graça e começaram a me convidar para participar de programas tipo mesa redonda que tinham essa pegada de humor.

Um dia a coisa ficou séria: me chamaram para participar de um programa na ESPN-Brasil. Eu era tão fã do canal que tinha escolhido a operadora de TV a cabo que o oferecia no pacote. Fiquei com medo de dar vexame, mas a Astrid encorajou: "Eu entendo menos do que você e já fui. Não seja boba".

Assim que entrei no estúdio, ouvi o Claudio Carsughi contando "certa vez, me disse João Saldanha"... Gelei. Eu só conhecia pessoalmente o Amaral, do Palmeiras, que arrasava no *Barraco MTV*.

O programa foi legal, entre mensagens bobocas do tipo "finalmente um colírio no meio desse monte de barbados" chegavam algumas querendo realmente saber minha opinião – "e se o Edmundo entrasse, você mexeria na lateral?" O outro convidado era meu ídolo Zé Roberto Guimarães, e depois que saímos do estúdio ficamos mais de uma hora conversando na redação. Eu podia morrer ali.

Fui convidada outras duas vezes e quase recusei para não correr o risco de macular aquelas lembranças perfeitas. Quando o Trajano, diretor da ESPN que estava na França cobrindo a Copa do Mundo, voltou para o Brasil, me chamou para fazer parte do time de comentaristas. "Futebol pra gente é mais que um jogo, não queremos ficar um programa inteiro discutindo se foi pênalti ou não. É política, arte, filosofia. Pra mim interessa alguém que faz faculdade de Cinema, apresenta um programa de debates e outro com grandes nomes da MPB. Ah, o fato de ser mulher também é uma coisa interessante." Adorei a ordem dos fatores.

Se a MTV não me deixasse acumular os dois empregos, eu estava pronta para ficar só no esporte, mas não precisou. Os prédios eram vizinhos, conciliar horários não era problema. Lembro do primeiro dia que cheguei para participar do *Bate-Bola* e dei de cara com o Tostão, tranquilamente lendo seu jornal. Tipo "me belisca".

Entrevistei gente que eu amava, como o Ubiratan. Quando era pequena e jogava basquete sozinha no quintal de casa, eu era o Ubiratan. Em alguns programas me matei de chorar. Fiquei muito emocionada com o Nilton Santos contando sua visita ao Mané no hospital... Ele só chamava seu grande amigo pelo primeiro nome. E com um boxeador decepcionado com seu próprio desempenho nos Jogos Olímpicos, que pedia perdão para sua família...

Reações escrotas surgiram assim que dei uma opinião negativa sobre o Botafogo. "Se continuar assim, vai acabar rebaixado" (e foi, mas até aquele ponto era inimaginável). Me mandaram lavar roupa, voltar pro fogão, nada muito original, mas inédito pra mim. Com o tempo, descobri que as resistências podem ser bem criativas.

Se eu dizia algo que era o contrário da maioria dos colegas, como "o Senegal pode sim ganhar da França na estreia da Copa", era porque "mulher não entende nada". Se era igual, "assim é fácil, é só repetir o que os outros dizem". Até elogio era enviesado: "É mulher, mas ESSA conhece!" As expectativas eram tão baixas que bastava dizer alguma coisa básica, como "não adianta ter Romário se não tiver alguém que crie no meio campo", para dizerem "viu como ela entende?"

Na semana de um Dia da Mulher, Luxemburgo deu uma resposta malcriada para uma repórter em Minas – "Você vem aqui e só faz as perguntas que mandaram fazer". A Rádio Globo, onde eu também trabalhava àquela altura, ouviu várias jornalistas esportivas sobre o episódio – eu, Marilene Felinto, Marilia Ruiz. "Ele está indo tão bem no Cruzeiro, podia ter passado sem essa", ironizei.

Na segunda-feira, por coincidência, Luxemburgo era o convidado no meu programa. Deu trabalho como sempre, querendo driblar todas as perguntas, mas o pior ficou para o final. Já nas despedidas, quando não havia tempo pra mais nada, ele disse "Você é boa entrevistadora, mas não entende nada de futebol". Me pegou completamente desprevenida, balbuciei alguma brincadeira boba tipo "lá fora a gente conversa". Anos depois ele mandou um pedido de desculpas por um repórter da ESPN.

Pior foi ser esculachada no ar pelo próprio chefe, e foram duas vezes. Trajano é a própria definição de irascível e, assim como aconteceu com outros colegas, sobrou pra mim também. O primeiro escracho foi na Olimpíada de Sydney, logo depois da eliminação da seleção de futebol. A campanha tinha sido ridícula e todo mundo batia na mesma tecla: o sucesso subiu à cabeça, os garotos estão mascarados e só pensam em dinheiro. Eu dizia que o time tinha sido mal escalado e mal treinado.

Furioso, entendendo que eu estava aliviando para os jogadores, acabou comigo ao vivo, via satélite, por uns dez minutos. Disse que eu e o Calçade, que também fazia uma crítica mais técnica, tínhamos a arrogância típica dos jovens e devíamos ser mais humildes. Os amigos da onça da equipe deixaram a tela dividida, o Trajano me descascando em São Paulo e eu escutando na Australia.

Depois fiquei sabendo que ele saiu do estúdio e se acabou de chorar em sua mesa.

De outra vez, estávamos ao vivo no estúdio acompanhando uma votação importante em Brasília. Convidados entravam e saíam, chegavam e-mails para ser lidos no ar, fazíamos entrevistas por telefone, repórteres e comentaristas faziam intervenções o tempo todo. Enfim, um programa movimentado e meio tenso.

Um portal de notícias publicou uma nota que não acrescentava absolutamente nada ao que estávamos mostrando. Era um texto pra cumprir tabela, com um título chamativo e conteúdo zero. O Trajano, na redação, viu só a chamada e mandou levar pra mim no estúdio, para ser lido imediatamente. Bati o olho e vi que não era o caso. Ele foi para o *switcher* e ficou infernizando o diretor, "manda ela ler", e o diretor falava desesperado comigo no ponto eletrônico. Eu tentava sinalizar, enquanto ouvia um convidado no estúdio, que não era o caso, mas ele não me entendia.

Emputecido, Trajano invadiu o estúdio, arrancou o papel da minha mão e disse "Lê isso aí, lê que tem notícia sobre a votação!" Calmamente, como quem lida com um louco perigoso, eu disse: "Eu li e não tem novidade nenhuma. Nós temos um repórter em Brasília e estamos mais atualizados que eles".

Trajano voltou para sua sala e dali a pouco entrou no estúdio outra vez. "Recebi muitas mensagens me criticando. Uma delas disse que, se eu honrasse as calças que visto, devia vir aqui pedir desculpas. Então vim".

Tudo na ESPN era intenso. Éramos poucos mas, com muito amor e tesão, fazíamos coberturas que, em condições normais, exigiriam o dobro de profissionais. A equipe da Olimpíada de Sydney tinha trinta pessoas e transmitia em dois canais diferentes 24 horas por dia. O Milton Leite e o Palomino chegavam a narrar três competições ao mesmo tempo, pulando de um jogo de tênis para uma final de tiro e uma eliminatória de esgrima. Era maravilhosamente extenuante.

Também fui para a Copa da Alemanha, com condições melhores e uma equipe mais entrosada. Amei muito tudo aquilo. Fui imensamente feliz. É uma das melhores lembranças da minha vida.

Tive mais de uma oportunidade de sair da ESPN, foram os "nãos" mais acertados que eu podia dar. Um diretor da Traffic me convidou para ser âncora de um programa de esportes ao vivo, aos domingos, na Bandeirantes. O salário seria bom e o merchandising, fabuloso – se vendessem todas as cotas, eu ganharia 32 paus por mês. Um absurdo de dinheiro. Mas fiquei insegura. Acaso eu poderia recusar "merchã" de algum produto que eu mesma desaprovasse? E, sendo a Traffic parceira da CBF, eu teria liberdade para falar o que quisesse?

Achei melhor não ir. O Trajano ficou superorgulhoso de mim, contou pra todo mundo. O Sócrates ficou meu fã, quem podia imaginar.

Outro convite foi muito tentador: apresentar o *Globo Esporte*, começando pela Copa de 2002. Eles queriam mudar o formato do programa, ter alguém menos preso a um texto no teleprompter e mais livre na condução. Eu seria uma das editoras, inclusive. Prometeram até uma credencial de cabine para as transmissões *in loco*, "você vai estar com o Falcão". Embora também desconfiasse da liberdade para criticar o quanto quisesse, foi duro dizer não. Mas achei que seria desleal com a ESPN.

A Globo tinha adquirido os direitos de transmissão com exclusividade, tornando a vida de um canal de esporte muito difícil. E a ESPN tinha me segurado depois da demissão pela TV Cultura, não queria deixá-los na mão. Nunca me arrependi de ter ficado, mesmo com uma ponta de pesar por recusar convite tão lisonjeiro. Eu pareci louca aos olhos deles.

A vida na TV ficou mais difícil com a proximidade da eleição de 2010. Boa parte dos profissionais da ESPN apoiava o Lula, alguns declaradamente, outros não. Mais do que isso, alguns dos meus colegas queridos passaram a me desprezar porque eu apoiava o Serra, o que deixavam claro nas redes sociais. Em ambiente acirrado como o daquela disputa, dificilmente as escolhas eleitorais não contaminariam a convivência.

Passadas as eleições, eu estava esgotada e sem ânimo de reencontrar os antigos amigos, recentes desafetos. E também não conseguia mais me importar o suficiente com futebol para me dedicar como devia. Nos meses anteriores, eu já vinha chegando para os programas em cima da hora, atrapalhada com os outros compromissos, que eram sempre mais importantes. Lia o roteiro correndo, não assistia antes às matérias que seriam exibidas.

O desinteresse ficou gritante quando, numa quarta à noite, tinha uma rodada sem muita importância do campeonato e um debate com o procurador-geral do Pará sobre a usina de Belo Monte. Escolhi o segundo sem um pingo de dúvida. Quando disse para o Trajano que não podia continuar, ele estava pronto para me comunicar a mesma coisa. Passados onze anos de televisão, jornal (eu escrevia para a *Folha de S.Paulo*) e rádios Globo e CBN, terminava ali minha inesperada carreira como comentarista esportiva.

As carreiras que eu esperava ter desde pequena foram um fracasso. Gostava de pintar e com 8 anos me imaginava "professora de pintura de quadros", já que não concebia ser pintora como ocupação remunerada. Estudei piano na mesma época e era fascinada pela ideia de ser concertista. No final do ginásio, me dei conta de que podia estender as horas mais deliciosas da semana para que virassem minha profissão, e decidi fazer faculdade de educação física, a mais firme de todas as decisões.

A gravidez no terceiro ano de magistério empurrou a educação física para depois, mas esse depois virou nunca mais. O grupo de teatro amador que viria a ser uma companhia profissional se desfez, e desisti de ser atriz. Diretora e roteirista de cinema também não se provaram alternativas viáveis, mesmo com minha disposição de ser também a produtora dos próprios filmes.

Fui para a TV sem entusiasmo e acabei tomando gosto pela coisa. Afortunadamente, consegui um emprego que reunia cultura e, com o tempo, engajamento político. O acaso me levou para a mídia esportiva, e, quinze anos depois de admitir para mim mesma que a faculdade de educação física seria um plano abortado, fui para uma olimpíada que vivi muito mais intensamente do que jamais poderia como profissional ou espectadora.

Minha primeira experiência como vereadora foi horrível, mas sair do partido foi o que permitiu ser candidata a prefeita duas vezes (e, espero, permitirá outras mais). Voltei para o Legislativo com tesão, fazendo jus a uma música que me inspirou em mais de um momento difícil: "Em tudo que faço/ existe um porquê... No ar que respiro/ eu sinto prazer/ de ser quem estou/ de estar onde estou".

A letra conclui com "agora só falta você", o que já fez sentido em outras ocasiões, mas não tem ninguém para quem eu diria isso agora. Ser budista me faz lembrar que tudo passa e essas frases podem perder a validade várias vezes. Mas tenho comigo aquele que eu pensei que seria o título de uma autobiografia: "Quase tudo que eu queria deu errado, e tudo bem".

mensagem na garrafa

Já morrendo de dores do parto mas sempre durona, dona Neide falou com muita calma para o meu pai que talvez, talvez, estivesse na hora de ir para a maternidade – é assim que imagino. Ele precisou sair para pegar a mala do enxoval na casa da minha avó materna, mas antes que voltasse eu nasci. E pelas mãos de meu avô paterno.

Meu pai queria muito que fosse menina para enfeitar, por lacinhos, porque menina seria mais carinhosa, delicada. Nunca parou um lacinho no meu cabelo. Era moda uma calcinha pra meninas com três fileiras de rendinha na bunda, mas eu achava horrível! Tem que usar isso?

Sempre tive fama de geniosa, mandona. Dois primos mais velhos com quem eu brincava me chamavam de Moe, o bravinho dos Três Patetas. Quando meu irmão nasceu, amigas da minha mãe diziam "Você tem um casal? Menino dá tanto trabalho..." Minha mãe ironizava: o menino é um anjo, a menina que é uma peste.

Feminista, dona Neide garantia que não haveria diferença entre meu irmão e mim. Sempre foi o discurso e, até certo ponto, a prática da minha casa. Direitos iguais. Um clássico do domingo na casa dos meus avós era o debate sobre esse tema. Todo mundo em volta da mesa conversando, no café da tarde, quando entrava um assunto que iria detonar o encontro familiar: política, costumes. Na minha casa, dizia minha mãe, não vai existir aquela história de a menina casar virgem e o pai levar o menino pra zona. Direitos iguais, ela repetia. Meu avô ficava apoplético e eu só queria saber "o que é zona?"

Meu pai viajava muito, trabalhando em distribuidoras de petróleo. Acho que era "representante comercial", eu nunca soube explicar. Ia para Campo Grande, Cuiabá, Paulínia. Ficava semanas fora de casa. Minha mãe não reclamava, era a coisa mais normal do mundo. O que não era normal naquela família era demonstração de afeto. Pelo lado da minha mãe, ninguém dizia eu te amo, a não ser para os filhos pequenos. E meio como zoeira, apertando as bochechas depois de um nós dizer alguma coisa engraçada, "Te amooo!" Minha família era barulhenta e divertida; carinhosa, não.

Só fui perceber que não existia isso dentro de casa depois que minha filha nasceu, saí de casa e, aos 16 anos, passei a ter aquele grupo de amigos do teatro. Eram os primeiros amigos "meus", não "meus e da minha mãe". Um grupo caloroso, amoroso. As pessoas se abriam umas com as outras, manifestando seu afeto – ah, que bom te ver, estava morrendo de saudade, gosto muito de você! Não escondíamos sentimentos, ao contrário – sentimentos bons, e essa que era a novidade, porque os ruins são mais fáceis de transbordar.

Nunca quis ser a mulher que "é obrigada" a tanta coisa. Desde pequena eu era meio Mafalda, invocada com as regras.

Por que sou obrigada a isso e quem foi que obrigou? Por que o certo para uma mulher é raspar os pelos? Também acho feio homem muito peludo, e é problema meu. Por que ele pode ficar com os dele e eu tenho que arrancar os meus? É gostosa a pele lisinha de vez em quando, mas só quando eu quiser. Gostoso mesmo é não precisar depilar.

Então nunca quis ser homem, só queria ter as prerrogativas de homem. Andar sem camisa no calor. Não faz nenhum sentido mulher não poder andar de peito nu, nem na praia! No Rio de Janeiro, totalmente sexualizado, mulheres levam "areiada" se fizerem *topless*. Puta absurdo. Mas enfim, tão absurdo quanto eles serem obrigados a usar terno escuro e gravata no calor, e isso eles mesmos vão ter de resolver.

Só me maquiei e usei salto alto quando fui obrigada, e a primeira vez foi no Salão do Automóvel de 1984. Ali também precisei me depilar e usar meias de nylon – ok, fazia parte do trabalho, tanto quanto falar inglês ou entrar às 8 da manhã. Nem imaginava que um dia eu teria um emprego que me faria passar todos os dias por um camarim para me maquiar e pentear o cabelo.

Em 2008, viajei ao Rio para participar de um evento em apoio ao Fernando Gabeira no segundo turno das eleições. Um calor dos diabos, fui de shortão do Palmeiras, nem aí para a depilação vencida. Era quase um choque quando reparavam, todo mundo escandalizado com minhas pernas cabeludas. Dois caras passaram por mim e a Lylian, que vinha mais atrás, ouviu o comentário horrorizado:

– Você viu??

– É gringa, só pode.

Meu amado Colégio Santana, onde estudei do pré ao colegial, não era misto. Algumas alunas se revoltavam

– que absurdo, não ter meninos na escola! Mas eu achava tão melhor... A gente ficava à vontade para não se preocupar com eles. Podia se sentar de qualquer jeito, fazer micagem, não ter a menor preocupação com o aspecto, o charme e a sedução.

Quando chegava a última aula, as meninas começavam a encurtar a saia, dobrando várias vezes o cós, e abriam o primeiro botão da blusa. Do lado de fora estavam os meninos, então rolava uma tensão. Isso pra mim estragava tudo. Estava tudo tão bom, tão relaxado e divertido, e de uma hora pra outra girava tudo em torno deles. As meninas se maquiavam e achavam que pareciam mais velhas, e eu me perguntava – Meu, ela pensam que estão enganando quem?

Eu amava estar com as minhas amigas, mas nunca rolou tesão. No colégio fui apaixonada pela Valéria, que era do time do basquete – "Vacaléria", no doce linguajar das meninas do colégio de freiras. Ficava decepcionada quando ela não estava no treino, e "alerta" quando estava por perto. Queria que gostasse de mim, ser especial para ela. Quando zoava da minha cara – eu era a "Chiquinha", "Sonia Francisca" – me sentia o máximo, não deixava de ser uma atenção diferenciada.

Sentia atração física como um ímã, gostava de abraçar, de pular em cima, mas não tinha um pingo de desejo. Quando seu pai morreu, ficamos todas profundamente abaladas e ela deitou no meu colo, chorando. Emoção que não esqueço, amor pra se carregar pra vida toda. Não passou disso. Também fui apaixonada pela Dalila, do time do basquete do Tietê. O coração até disparava, mas não tinha vontade nenhuma de dar um beijo, nem de transar. Ser cúmplice e especial para ela: era só o que eu queria.

Eu era muito apaixonável. Não tinha como ficar em algum lugar e não me apaixonar por alguém. Nas férias em Peruíbe, via um surfista passando de bicicleta e pronto – me apaixonava e anotava mais um amor na lista de dezenas. Havia os lindos de morrer, mas essas eram as paixões platônicas – na prática, eu preferia os outros, os feinhos. O Edu, com 17 anos e eu com 13, tinha dente encavalado, cabelo ressecado, pele ruim. Mas era muito engraçado, espirituoso, e foi com ele que eu fiquei, não com o surfista gato. Ele não ligava pra ser feio, eu também não.

Com 14 anos, participando de um musical de fim de ano na Cultura Inglesa, passei quatro meses apaixonada pelo guitarrista. Terminada a temporada, fizemos um baile à fantasia para despedida do elenco na filial de Higienópolis. Dei de cara com o baterista fantasiado de padre, lindo, com uma batina preta severa e um chapelão. Pirei. Meu Deus, eu tinha passado semanas a fim do guitarrista, e em quarenta minutos fiquei louca pelo baterista, o Roberto. Como era charmoso e divertido, e eu nem tinha reparado nele antes! Ele tinha 21 e foi meu primeiro namorado. Tirando beijo, que já tinha rolado antes, foi o primeiro tudo.

As aulas de métodos anticoncepcionais oferecidas pelas freiras incríveis do Colégio Santana estavam claras na minha cabeça: para calcular seu período fértil, considere mais ou menos catorze dias depois da menstruação, cinco a menos e três a mais pelo tempo de vida dos óvulos e espermatozoides, considere uma margem de erro e, muito importante, observe o muco cervical. Não era uma tabelinha burra de um mundo perfeito, com tudo funcionando como um reloginho. Vocês têm de conhecer o seu corpo, diziam.

Um dia chegamos em minha casa e aproveitamos um intervalo rápido enquanto minha mãe não vinha. Nem deu tempo de fazer os cálculos. Pois então: engravidei aos 15 anos, no 3º ano do Magistério. A educada, conscientizada, e grávida.

Pouco depois começaram as olimpíadas do colégio e eu, já com a cintura quadrada, fiz o juramento do atleta na cerimônia de abertura. A direção não gostou muito, mas seria até esquisito se não fosse eu. Eu era "a" atleta, jogava de tudo. Capitã e técnica do time de basquete da minha classe, comecei o jogo de abertura no banco de reservas, mas o time estava penando e não me aguentei, entrei para jogar.

Foi demais para as freiras. Acho que alguém correu para avisar a diretora, que desceu imediatamente para a quadra e me mandou sair. Não adiantava dizer que eu tinha perguntado para o médico, ele disse que era só não entrar muito no garrafão pra não tomar cotovelada... Aquela foi uma frustração para mim, parar de praticar esportes, porque era o que eu pretendia fazer da vida. A faculdade de educação física ficaria para depois (e depois ficaria para nunca mais).

Minha mãe ficou arrasada e decepcionada – como minha filha, tão inteligente, engravidou tão cedo! Em seu feminismo doido, Dona Neide me proibiu de casar:

– Casamento é instituição falida. Você não precisa dar satisfação para a sociedade.

Eu estava me lixando para a sociedade. Queria me casar com meu namorado que eu amava tanto, pai do nosso filho.

Meus avós portugueses viviam de forma quase espartana, mas eram donos de alguns imóveis no bairro, e deixaram que morássemos num pequeno apartamento deles em Santana, na "ladeira do CPOR". Muita gente não conhece o nome enjoado da rua, Chemin Del Prat, mas sabe onde fica o quartel. Foi por insistência da minha avó que minha mãe, totalmente contra a sua vontade, permitiu que eu me casasse. Eu tinha 16 anos, não poderia casar sem autorização dela.

No dia em que a Rachel nasceu, eu tinha trabalhado sem parar pintando o apartamento das 6 da manhã até as 8 da noite, num puta calor. Aos 22 anos, Roberto era funcionário da Caixa Econômica Federal. Quando chegou em casa depois do expediente, me convidou para uma extravagância: Vamos comer uma pizza? Eu estava exausta, "Se o nenê for nascer hoje, vai ter de sair sozinho, não vou conseguir fazer força". Mas precisávamos aproveitar os últimos momentos em que só tínhamos nós mesmos para cuidar.

O carro da minha mãe estava quebrado, então fomos andando. Era meio longe, mas a noite finalmente estava fresca. No meio do caminho, senti uma dor tão forte que até parei, como se tivesse tomado uma estocada. Eu já sabia que as contrações começam bem antes da hora do parto e elas já tinham começado há dias. A diferença é que "na hora" são regulares e ficam menos espaçadas. A dor não me detém, eu também era durona, conseguimos chegar até a pizzaria, entre uma pausa e outra.

Continuou doendo tanto, e cada vez mais forte, que não deu pra continuar. "Acho que é agora", gelamos. Ligamos do balcão da pizzaria para a minha mãe – carro quebrado, lembra? Precisávamos do carro do meu avô, então andamos até a casa dele. Pedimos para embrulhar a pizza para viagem. Eram 10 da noite ou pouco mais que isso.

Aguentei a dor enquanto meu avô dirigia a zero por hora na 23 de Maio, aguentei na fila do atendimento na triagem, aguentei a enfermeira dizendo "Primeiro filho? Vai nascer amanhã de manhã". Quase nasce na sala de espera... Depois que finalmente fizeram o toque, empurraram a maca correndo pelos corredores, rapidinho nasceu "o nenê". Eu não queria saber o sexo antes, passei pela emoção de ouvir o médico dizer: "É fêmea!"

Eu queria casar na igreja, outra discrepância para uma rebelde feminista. Para minha mãe era uma palhaçada, mas eu achava e ainda acho o rito muito bonito, eu faria a entrada na igreja, repetiria os votos diante do padre e trocaria de alianças com muito amor e muita convicção. Mas não tinha a menor condição de nada disso, optamos pelo casamento só no cartório. Casei em maio, num sábado de manhã, com a Rachel de três meses no meu colo. Minha mãe não foi.

Dona Neide me influenciou cultural, moral e politicamente – mas, em termos emocionais, não foi além do que recebeu dos pais. Sou muito mais sentimental, calorosa e bandeirosa do que minha mãe.

Meu namoro com Roberto foi muito muito bom, não me lembro de termos brigado em dias "normais" (tivemos uma baita crise com traição, que passou). Mas com o casamento e a Rachel, nossa vida começou a mudar. Ela não parava de chorar, tinha cólica noite e dia, eu não fazia outra coisa a não ser carregar minha filha no colo tentando fazer parar de chorar.

Não dormi durante semanas, passava duas horas no tanque lavando as fraldas e as nossas roupas, outras duas passando a ferro as calças e camisas dele, as roupinhas de bebê. O Roberto chegava do trabalho à noite e ficava puto com a bagunça, tem fralda suja na pia do banheiro, você não tirou a louça do almoço ainda? Aquela cobrança era tremendamente injusta, tinha trabalhado e me cansado muito mais com aquela menina berrando o dia inteiro do que ele no banco.

Começamos a brigar muito, eu não tinha um momento de paz. Com ele longe, a Rachel me consumia todo o tempo e atenção. Com ele perto, o resto de energia era queimado em desavenças. Eu queria que ele entendesse, mas me dei conta de que tinha me casado com um sujeito que tinha se revelado machista – ele não era machista antes, ou nunca teríamos chegado tão longe!

Com duas filhas, precisando trabalhar, deixei o meu grupo de teatro – e foi exatamente nesse período em que fui consumida por uma depressão devastadora. Depois de algumas semanas do nascimento da Sarah, tive um pesadelo horrível, minha mãe morria e eu me desesperava por tudo que ela sonhava ter feito e não fez. Ela queria tanto ter viajado para conhecer o mundo e não conseguiu... Acordei daquele pesadelo sentindo muito pela minha mãe – e aquela sensação, aquela angústia, não passou na hora, não passou depois, não passou nunca mais.

Eu viva zonza pela casa, morrendo de um sono insuportável que não passava por mais que eu dormisse. Minhas filhas pequenas precisando de mim, eu me sentindo tão impotente e aflita... Não suportava sair da cama, acordar era o pesadelo. Que sentido fazia aquilo tudo? Com plano, sem plano, para que a gente nasce? Qual a razão de viver? Por que a gente está neste mundo se vai mesmo morrer?

Eu trocaria aquele desengano por qualquer dor física. Não tinha um lugar para apertar e dizer "É aqui que dói, é aqui que incomoda". Não tinha vontade de melhorar, não existia melhorar. Não faria sentido melhorar. Melhorar o que? A gente vai morrer. Comer era sem sentido. Tomar banho era sem sentido.

Naquela época, ainda era motivo de discórdia se depressão era ou não uma doença. Não sabia o que eu tinha. Queria tanto achar uma resposta. Achei que estava cansada. Não dormia, não tinha dinheiro... Podia estar anêmica. Podia ser hipoglicemia, hipotireoidismo. Queria tanto uma explicação. Era o máximo que eu conseguia querer.

Com 19 anos, depois de deixar as meninas na creche, saía para dar aula na Cultura Inglesa de Santana. Dava três passos, parava, sem força. Tenho que ir, pensava. Mais um passo. Não conseguia seguir adiante. Tinha vontade de me deitar de bruços, não sair de onde estava. Nem sei como conseguia trabalhar e voltar. Roberto não entendia, não queria saber. Só dizia – Vai, se anima! Sai disso!

Um pesadelo. Uma tristeza sem fim, por mim e pelo mundo. Nenhuma vida fazia sentido, eu sofria por todas as pessoas, as que não percebiam e as que também estavam deprimidas.

Eu via, eu sabia. Tentando viver pelas minhas filhas, pois pensava como seria terrível para elas ter uma mãe que tivesse se matado.

Um dia, lendo o jornal do metrô, vi uma matéria sobre depressão. A reportagem apresentava uma lista de dez sintomas – se você sente três ou mais dos problemas abaixo, informava, pode ter depressão. Eu tinha oito! Então era aquilo mesmo, uma doença. Tenho depressão, e precisava de ajuda médica para me tratar.

Foi um alívio saber, eu estava doente e havia tratamento. Lembrei da Solange, uma amiga do grupo de teatro da Cultura Inglesa que tinha tido uma fase estranha. Uma vez, fomos para Juiz de Fora apresentar uma peça, e quando saímos para dar uma caminhada pela cidade ela preferiu continuar no quarto. Quando voltamos, ela já tinha saído e deixado um bilhete, dizendo que precisava voltar para casa para ver a mãe.

Na época achei que era manha, piração; naquele dia a ficha caiu. Liguei para Solange, que me confirmou. Sim, ela teve uma depressão, mas conseguiu sair dela, com médico e remédio.

Foi o que me salvou. O médico explicou que me daria um remédio e que nos primeiros vinte dias eu iria piorar:

Mas como é possível piorar? Eu já estou rastejando.

Foi possível. Viver era insuportável. Meu socorro era pensar que o médico tinha avisado, portanto as coisas estavam andando como previsto. Eu pensava em morte da hora que abria os olhos até a hora que ia dormir. Era o primeiro pensamento e não passava o dia todo.

Eu pensava: como um remédio será capaz de me tirar dessa convicção – de que a vida não faz nenhum sentido? A gente nasce, estuda, morre. Por que viver?

Vinte dias depois, estava no ônibus, com o *walkman*, passando por cima da Marginal Tietê pela Ponte da Casa Verde. Aquele sacrifício para continuar viva. Police tocando uma das minhas canções preferidas, "Message in a Bottle".

Cantei junto, balançando a cabeça no ritmo da música... Não lembrava mais como era sentir prazer no que quer que fosse. E foi ali, naquele preciso instante, que comecei lentamente a sair do fosso profundo. Pela primeira vez, em muito tempo, esqueci de pensar em morte, senti prazer:

Just a castway, an island lost at sea
Another lonely day, with no one here but me
More loneliness than any man could bear
Rescue me before I fall into despair
I'll send an SOS to the world I'll send an SOS to the world
I hope that someone gets my message in a bottle...

Vinte anos depois daquela depressão, a Julia, minha terceira filha, teve leucemia aos 7 anos de idade. Eu e Marcelinho estávamos preocupados com as manchas roxas que começaram a aparecer em sua pele.

Nosso homeopata pediu um hemograma completo; quando o laboratório o avisou do resultado, nos tirou da cama na manhã de uma sexta-feira: corram para o PS Infantil do Hospital das Clínicas, ela está com a imunidade muito baixa, mostrem a eles o resultado do exame.

Larguei todo o resto – era a última semana da campanha eleitoral, foda-se. Passei o dia com minha filhota abatida, pálida e sem forças, entre salas de espera e picadas. À noite a médica chamou pai e mãe na sala: "A Julia tem uma leucemia". Eu realmente, literalmente, senti o chão se abrir sob os meus pés.

Ela passou aquela noite no hospital com o Marcelo e eu fui pra casa. Quase morri de chorar, deitada na cama dela. Logo a Julia? Nossa menina amada?

Quando acordei, os olhos inchados como duas bolas de tênis, me coloquei no eixo. Com que direito eu podia achar que a doença poderia acontecer com qualquer pessoa menos com a MINHA filha? Iríamos fazer tudo que estivesse ao nosso alcance, e naquele instante eu precisava reconquistar meu prumo e minha força para que Julia visse em mim confiança e não medo.

Jurei para o espelho. E assim foi.

Ela poderia passar um domingo em casa, antes de sabermos como seria o tratamento. Preparamos um cartaz para a porta de casa – "Sejam bem-vindos, mas nada de abraços e beijos!" Ela estava com a imunidade muito baixa e não podia sequer pensar em contrair um resfriado.

O diagnóstico confirmou leucemia mieloide, menos comum em crianças, e o tratamento não seria ambulatorial. Precisava ser internada, e não por pouco tempo – que nos preparássemos para uma jornada de meses.

Do Hospital das Clínicas, fomos encaminhadas para o excelente Instituto de Tratamento do Câncer Infantil, o Itaci. Uma equipe extraordinária se dedicava às crianças internadas, dos melhores oncologistas ao incrível motorista da ambulância.

Eu me mudei para o hospital. Foi uma experiência dolorida e transformadora acompanhar o cotidiano de dezenas de famílias unidas na dor, no anseio e no medo. Nunca me esqueço de um pai desiludido, depois que os médicos disseram que não havia mais solução para o filho, que podiam voltar para casa, a quimioterapia não daria mais conta. O homem não estava nem mais chorando, estava em outro planeta.

Estava no quarto do hospital à meia-noite quando soube, por um dos médicos, que tinha sido eleita vereadora. Fiquei muito feliz – sem nenhuma vontade de sair do lado da cama da Julia, que tinha de suportar quatro picadas diárias para exame de sangue. Valente, ela estendia os bracinhos arroxeados às 6 da manhã, meio-dia, 6 da tarde, meia-noite.

Nós meditávamos por todos e muitos oraram por nós. Foi um mar de aspirações por sua cura de todos os lugares do Brasil. Fiz um apelo por doação de sangue e mais de duzentas pessoas foram ao Hospital das Clínicas, outras tantas contavam que foram doar nos hospitais de sua cidade, por todos os que precisavam, em nome dela.

Pedimos aos nossos mestres para incluírem a Julia na lista de remoção de obstáculos, como fazemos no budismo, e toda a *Sangha* se mobilizou.

Na prática budista, fazemos meditação e orações, súplicas e oferendas por intenção de alguém, dedicando o mérito de nossas ações positivas para que todos os seres possam se beneficiar, não apenas alguns. Queremos ativar a conexão que cada um de nós tem com a essência

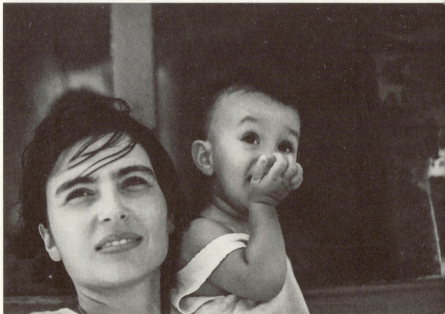

do bem absoluto, para que essa força consiga cessar todo o sofrimento.

Julia foi internada em outubro e saímos pouco antes do Natal. Dali em diante, se aparecia uma febre já tínhamos de correr para o pronto-socorro. Ela voltou a ser internada várias vezes, quase todas elas na enfermaria infantil do Hospital das Clínicas, onde era preciso ficar com seis ou mais crianças por quarto. Cada leito com uma poltrona do lado, onde a mãe ou outro acompanhante tinha que dormir, algumas havia meses.

Aquilo era punk: uma luz que nunca se apaga, a angústia de conviver com tantas crianças doentes, chorando, tossindo, gemendo, sem direito a repouso, as mães exauridas. Um bebê de um ano, filho de uma adolescente, tinha citomegalovírus. Um menino de 6 anos tinha sido atropelado no Natal e respirava por aparelhos. A Julia tinha ferimentos pelo corpo que doíam horrivelmente e um enjoo que a fazia vomitar mal senta o cheiro de comida no final do corredor.

Aquele era o SUS – um banheiro para cada doze pessoas, e às vezes nem toalha ofereciam, entregavam um lençol para enxugar a criança depois do banho. No terceiro andar, na ala dos convênios, a situação era outra, tão mais confortável – e presenciar ali, na distância de apenas um andar, tamanha segregação social, causava revolta e desencanto. Eu escrevia páginas e páginas para a ouvidoria do hospital, aquelas mães não sabiam nem o que era aquilo.

Essa passagem transformou a Julia para sempre. Dores profundas, certamente, ficam – não era apenas uma doença grave, dolorosa, ela teve que lidar com a proximidade da morte. Não sei se já processou totalmente o medo que sentiu. Precisava de terapia, encontramos uma psicóloga especializada em tratar crianças que enfrentaram doenças graves.

Julia ficou com uma cicatriz no peito. Digo para ela que não deve jamais se envergonhar daquela marca, jamais – é uma medalha, uma condecoração.

a primeira nobre verdade

A vida é sofrimento. Não adianta fazer o máximo para dar certo, não vai dar certo. Esse é o primeiro ensinamento do Buda, uma das "Quatro Nobres Verdades". Visto de forma superficial, o budismo pode ser considerado a mais pessimista das religiões. Mas reconhecer a existência inexorável do sofrimento é o primeiro passo para se entrar no caminho que pode nos levar a encará-lo melhor, com menos apego e raiva. É o que tenho arduamente tentado, principalmente a parte "menos raiva".

Todo mundo quer ser feliz, ninguém quer sofrer, mas todos sofrem porque ninguém consegue obter o que realmente deseja, nem evitar o que não deseja. E o que a gente consegue, mais cedo ou mais tarde, perde. Estamos sujeitos a terríveis forças de mudança, que fazem com que toda felicidade seja passageira e incompleta.

Em cada reino do Samsara, que é o ciclo interminável de morte e renascimento, o sofrimento tem suas peculiaridades – no reino dos infernos, há dor sem limites e ódio e agressão infundáveis; no reino dos fantasmas famintos, os seres têm fome e sede que jamais serão saciadas, devido às características dos seus corpos e ao ambiente inóspito; os animais sofrem com a predação e a submissão ao homem; os semideuses sofrem com a inveja insuportável; os deuses sofrem de maneira horrenda quando sua longa vida de prazer chega ao fim.

O reino humano reúne características de todos os outros reinos: nós sofremos com dor, fome, sede, inveja, doença, apego, impotência e frustração. Mas o que permeia a vida humana, em particular, é a eterna insatisfação. Os desejos se sucedem num movimento sem fim e nunca conseguimos chegar em casa, respirar fundo e dizer – puxa, agora sim, estou plenamente satisfeito.

Não adianta querer que os outros sejam como a gente acha que eles têm de ser e façam o que a gente acha que deve fazer. Ainda assim, vivemos tentando mudar o que está fora de nós, fora do nosso alcance!

Se você conseguir o trabalho dos seus sonhos, no dia seguinte vai ter um problema. Vai casar com a pessoa que quis e vocês vão brigar. E mesmo que tudo venha a dar certo, você vai morrer no final – que pode ser a qualquer instante.

Mas tem uma saída, que é a forma como a gente lida com as coisas. Em vez de sofrer porque seu chefe te trata mal, porque o governo é uma merda, reaja da melhor maneira possível. Tente passar pelos obstáculos para melhorar apenas o que puder ser melhorado. Perfeito não será, mas pode melhorar, se não ficarmos lamentando a perda. Se não nos apegarmos loucamente ao desejo que nunca será saciado. É óbvio, é clichê, mas viver isso de verdade é que eu quero ver.

Partindo dessa premissa da Primeira Nobre Verdade – que a vida é sofrimento e tudo passa, tudo acaba –, vou tocando o barco, a família, um mandato, essa vida. Não vai funcionar perfeitamente nem aqui nem na Suíça, mas pode melhorar. E eu posso ajudar a melhorar. Muita gente acredita também – é um otimismo que nasce do princípio de que não vai dar "tudo certo", mas tudo errado também não. Já que futebol feio não garante resultado, que alguém vai perder mesmo... vamos jogar bonito.

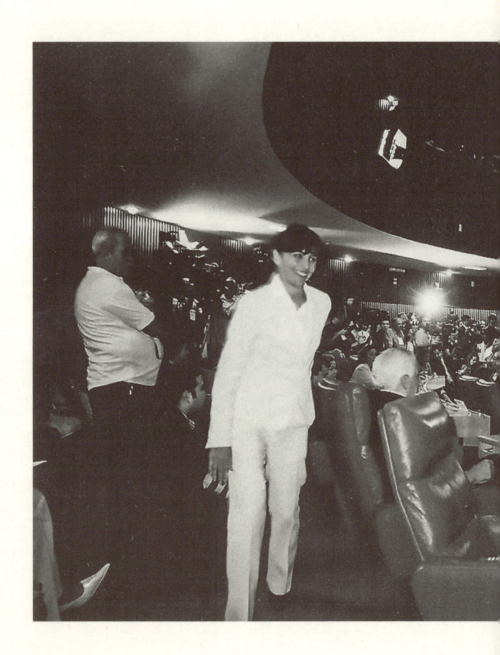

crédito das imagens

Capa, págs. 4 e 5 – Soninha e Paulo Sérgio debaixo do "Minhocão", em frente ao Metrô Mal. Deodoro, 2014.

Págs. 10 e 11 – Paulo Sérgio, o Dig Dig, com o cachorro Pinguim, no canteiro central do viaduto, em fevereiro de 2014.

Págs. 16 e 17 – Viaduto Antártica, para onde Paulo voltava quando brigava com Soninha, em 2015.

Págs. 22 e 23 – A lavagem dos pés de Paulo Sérgio em fevereiro de 2014.

Pág. 27 – Com Paulo Sérgio, no metrô, em 2014.

Pág. 32 – Paulo Sérgio com a mãe e irmãs na casa da família, em 2014.

Pág. 33 – Dig Dig, no Viaduto Antártica, em 2015.

Pág. 41 – Paulo Sérgio com agasalho do Palmeiras, em 2015.

Pág. 42 – Acompanhando Paulo Sérgio no barbeiro, centro de São Paulo, em 2014; Paulo com a mãe na primeira visita à família, depois de vários anos, 2014.

Pág. 43 – Entre Maria Paula (uma das fundadoras do CASA Bodisatva) e Paulo Sérgio, no templo budista Odsal Ling de Cotia, em São Paulo, 2014.

Pág. 44 – No centro budista Odsal Ling, no bairro da Aclimação, em São Paulo, 2003.

Pág. 52 – Marcelinho com a filha Julia e Soninha, numa viagem a Mauá, em 1997.

Pág. 53 – Casamento de Soninha (grávida de Julia) e Marcelinho no sítio da amiga Kiki, em Vinhedo, São Paulo, em setembro de 1996, sob o olhar de Astrid Fontenelle (na árvore) e Tati Ivanovici (de óculos escuros). Na foto de baixo, Marcelinho em casa, 1996.

Pág. 65 – Carta de demissão da TV Cultura, assinada por Walter Silveira, em novembro de 2001.

Págs. 72 e 73 – Com João Doria e moradores de rua, na praça em frente ao Hospital Pérola Byington, durante a campanha de 2016.

Pág. 94 – Com José Serra em seu aniversário em 2009, São Paulo, fotografados pela amiga Lylian Concellos.

Pág. 126 – Soninha em 1992.

Págs. 138 e 139 – Grávida de Julia pousando para a amiga Joana Mazzucchelli, na janela de um hotel no Largo Paysandu.

Pág. 143 – Soninha aos três anos de idade, na casa da avó Celeste.

Pág. 147 – Grávida pela primeira vez, aos 15 anos, durante um retiro das alunas do Colégio Santana, em 1983.

Pág. 148 – Com Marcelinho, grávida de Julia, em Bertioga.

Pág. 149 – Com as filhas Rachel e Sarah, grávida de Julia, em Florianópolis, em 1996.

Págs. 154 e 155 – Com a filha Julia em Mauá, 1997.

Pág. 160 – Com a Julia, na casa da amiga Joana, 1997; na foto de baixo, também com Julia, em Fernando de Noronha, 1998.

Págs. 162 e 163 – As filhas Julia, Sarah e Rachel em casa, 2007.

Pág. 168 – foto 1 – da esquerda para a direita: Seu Jorge, Soninha, Raí, Paula Lima e uma amiga, na festa da MTV, em 1998.

Foto 2 – Tim Maia e Soninha numa entrevista para a MTV, em 1995.

Pág. 169 – Foto 1 – Dinho Ouro Preto, Cuca e Soninha.

Foto 2 – Soninha com Martha Suplicy na pedalada de campanha, 2004.

Foto 3 – O governador de São Paulo, Geraldo Alckmin, com Soninha em 2009.

Foto 4 – Isabela dos Patins e Soninha na Avenida Paulista, na Parada Gay, 1998.

Foto 5 – Com Sara Oliveira, na festa da MTV, em 1996.

Foto 6 – Com o então prefeito Gilberto Kassab, em 2009.

Págs. 170 e 171 – No plenário da Câmara Municipal de São Paulo, na posse do primeiro mandato em 2005.

Foto da orelha – Sheila Oliveira.

Copyright @ 2018 Sonia Francine e Isa Pessoa
Copyright @ 2018 Tordesilhas

Todos os direitos reservados. Nenhuma parte desta edição pode ser utilizada ou reproduzida – em qualquer meio ou forma, seja mecânico ou eletrônico –, nem apropriada ou estocada em sistema de banco de dados, sem a expressa autorização da editora. O texto deste livro foi fixado conforme o acordo ortográfico vigente no Brasil desde 1º de janeiro de 2009.

CAPA E PROJETO GRÁFICO Rodrigo Frazão
REVISÃO Dan Duplat

1ª edição, 2018

Dados Internacionais de Catalogação na Publicação (CIP)
(Câmara Brasileira do Livro, SP, Brasil)

Francine, Soninha
Dizendo a que veio: uma vida contra o preconceito / Soninha Francine. – São Paulo: Tordesilhas, 2018.

ISBN: 978-85-8419-073-7

1. Mulheres - Autobiografia 2. Mulheres - Histórias de vida 3. Vida política I. Título.

18-17725   CDD-920

Índices para catálogo sistemático:
1. Mulheres: Memórias autobiográficas 079.092

2018
Tordesilhas é um selo da Alaúde Editorial Ltda.
Avenida Paulista, 1337, conjunto 11
01311-200 – São Paulo – SP
www.tordesilhaslivros.com.br

 /Tordesilhas

agradecimentos

a toda minha família do lado Ferreira Gaspar,
a toda minha família do lado Marmo,
a todas as minhas queridas amigas do Colégio Santana,
professoras e freiras inclusive!
a todos os amigos e colegas da Cultura Inglesa,
a todos os amigos de Peruíbe,
a todos os amigos da ECA,
aos amigos da MTV, da TV Cultura e da ESPN,
aos meus mestres e toda a Sangha,
aos amigos da Câmara,
do partido e da política (sim, eu tenho!)
à Bia e à Vera,
sem vocês, esta história não teria saído.

Este livro foi composto com as famílias tipográficas Celeste
para os textos e Archer para os títulos. O miolo foi impresso
sobre papel Norbrite pela EGB – Editora e Gráfica Bernardi,
para a Tordesilhas Livros, em 2018.